歴史文化ライブラリー
238

団塊世代の同時代史

天沼 香

目　次

「団塊の世代」という呼称――プロローグ

「団塊の世代」という言葉は大嫌いだが……

私は「団塊《だんかい》の世代《せだい》」という言葉が嫌いである。この言葉が一人歩きをして、その世代に関して、誤ったイメージを他の世代の人々に植え付けてしまっているからだ。であるからこそ、私は、本書において、「団塊の世代」に関する誤ったイメージを払拭するためにも、その来し方を見直し、現在を見直し、その近未来を考え直そうとしている。

その世代が、圧倒的な数の多さゆえに社会的に目立つ存在だったことは、覆いがたい事実である。しかし、同世代のライフサイクルの展開とともに常に新しい何かが起こり、それゆえに節目節目で注目を浴び続けた日本近現代史上でも希有《けう》な世代だったように思われてきたことに対して、私は若干の疑念を持っている。

果たして本当にそうだったのだろうか。巷間《こうかん》、言われているほどに、その世代は、他世代とは異なる特徴を持つ世代だったのだろうか。その行く先々で物議を醸《かも》し出す世代だったのだろうか。

私は、「団塊の世代」という言葉が存在しなければ、同世代は、これほどまでに一塊《ひとかたま》りにされて、注目され続けるようなことにはならなかったのではないか、とすら考えている。「団塊の世代」という強烈な造語が、同世代の実態より、イメージを先行させてしまったのだ。その意味で、堺屋太一の責任は大きい。いや、それ以上に、一見、気の利いたような堺屋の造語に踊らされているマスコミの責任を問うべきかもしれない。

とはいえ、「団塊の世代」という言葉が、これほどまでに、世間に根付いてしまっていることは、その言葉が実態の一端を端的に示している証左でもある。その一端とは、一にかかって「数の多さ」だけのことではあるけれども。

「数の多さ」を強調するなら、「ベビーブーマー」という外来語は忌避《きひ》するとしても、「戦後赤子大量出生期世代」「戦後性欲昂進期の所産世代」「戦後大量播種の所産世代」等々、時代背景を踏まえた、その世代にふさわしい呼称はいくらでも造語することができる。

　が、いかにも長いし、説明調だし、魅力的な愛称とは言い難い。だからといって「団塊の世代」がいいとは毛頭思わない。しかし、如何せん、その語は、あまりに普及している。よって、私は、この「団塊の世代」という呼称が大嫌いなままに、とりあえず、その語を歴史用語として借用することとする。

　一つの世代を歴史的な視座から考察することは、それほど一般的ではない。そもそも世代論が、どこまで有効なのかという議論もある。しかし、これに関しては、民族性論や国民性論に一定限の有効性がある（この点に関して詳しくは、拙著『「頑張り」の構造―日本人の行動原理―』〈一九八七年、吉川弘文館〉を参照されたい）のと近似の意味合いがあるものとして話を進めよう。

　すなわち、同世代とは言ってもさまざまな人がいるのは当然だが、それはともかくとして、ある時期に、同じ時代の空気を吸い、同様な潮流のもとで考え、行動し、生活を営んだ存在としての共通項を持つ人々として捉え、他の世代と区別して論じることは、けっして不可能ではないし、意味のないことではないからである。

「団塊の世代」あるいは「なんとも因果な世代」

「団塊の世代」……。この世代ほど、一括りにされ、毀誉褒貶《きよほうへん》の激しい評価に晒《さら》された世代は他には例をみない。「団塊の世代」。この言葉に対する受け止め方、その世代の実態に関する認識は、巷間、相当なまでにステレオタイプ化されている。その反面、この言葉に対する受け止め方、その世代の実態に関する認識は、巷間、諸々のかたちで存在し、各人がかなり恣意的にその語を用いている。

この二律背反《にりつはいはん》は、ある意味では当然のことである。この世代は、まだ生存中の世代であり、評価の定まりようがない存在だからである。そうして、彼らは、全共闘運動の担い手として認識されたり、高度経済成長期が終焉して以降の日本社会のさまざまな分野で中核を成してきた存在として認識されたり、時を経て、「二〇〇七年問題」の主人公として社会問題視された存在だからである。

この世代は、一九七〇年代前半から八〇年代前半までの実労働年代前期においては、一時的不況から安定成長への移行期以降の日本経済を建て直す役割を果たし、一九八〇年代半ばから九〇年代前半におけるその実労働年代中期には、バブル経済運営の一角を担い、九〇年代後半から二一世紀初頭の十数年間の、その実労働年代後期には早期勧奨退職や配置転換等々、人的リストラの辛酸《しんさん》を舐《な》め、二〇〇七年以降の一斉定年退職以降、その老後においては、膨大な年金受給者として、また要介助・介護予備軍として、すなわち次世代に負担のかかる――厄介者《やっかいもの》のような――存在として認識される。

誠に、因果な世代といえよう。そもそも、「団塊の世代」ほど、同時期における出生者数の多い世代は他に例をみない。そのゆえに、出生時からベビーブームの申し子として、ベビーブーマーと称されてきた。この世代ほど、生涯を通して、常に激しい競争に晒され続けた世代もあまりない。小学校受験、中学受験、高校受験、大学受験、就職、職場での昇進等々、人生の行く先々で厳しい競争に直面したのだった。

そんなところから「団塊の世代」は、ライフ・サイクルの折々において、自らが好むと好まざるとにかかわらず、また意図するとしないとにかかわらず、自ら好んで物議を醸し出そうとしたわけではないのにもかかわらず、社会的に注目されることが少なくはなかった。

一人の作家が偶々《たまたま》、ある世代を描いた自らの作品に冠した題名が、これほどまで江湖《こうこ》に広まったのは極めて稀なことである。逆にいうと、一人の作家の巧みな造語に、世間がすっかり幻惑され続けてきたともいえよう。そんなことへのささやかな反発心から、私はかって担当していた新聞のコラムに以下のような一文を呈した事がある。

「団塊の世代」って言うな！

昨今、「団塊の世代」、「団塊の世代」と世間がかまびすしい。

「団塊の老後はバラ色か悲惨か」、『団塊の世代』はこれからがおもしろい」等々と題して特集記事を組む総合誌、二〇〇七年に始まる「団塊の世代」の退職による諸問題を論じる専門誌等が陸続として現れ、「団塊の世代」は各誌の格好の論評の対象になっている。

各紙の報道でも、単発や連載で「団塊の世代」に焦点を当てた記事が目立つ。「団塊の世代」の、これまで、そしてこれからの生き方についての迫真のルポ記事、「団塊の世代」論、団塊世代女性のファッションやお洒落に関する記事等々。

某紙は、「団塊の世代に熱い眼差しを送る『おむつ業界』」といった見出しで、~少子化に伴って、おむつ着用のお得意様である赤ちゃんが減り、その結果、おむつ需要の漸減傾向に悩む業界が、近未来における団塊の世代の高齢化によって、おむつ需要が急激に盛り返すことを期待している~云々というような記事を掲載していた。

まるで「団塊の世代」が早く寝たきり老人になることを期待しているかのごとくで、団塊最末期世代の私としては、心穏やかならず思ったこともあった。

「団塊の世代」の定年退職後をねらって、その膨大な退職金、年金、老後資金、預貯金を消費に回させようと画策する向きも多い。若い世代では、「団塊の世代」の大量退職により、自らの就業のチャンスが増大するといった観点から、この世代の退場を歓迎する向きもある。

すなわち、後続の各世代からは、「団塊の世代」の高齢化を大きなビジネスチャンスとして捉えるような視点が出来《しゅったい》し、定着し始めているのだ。

長らく社会の中核として各方面で中心的な役割を果たしてきたのだから、定年後は、その知識や技術を生かしてボランティア活動に励んでもらいたいといった要望もでている。

ひとつの世代の社会の第一線からの退場が、これほどまでに注目を浴びるのも珍しいが、お節介な話だ。やっと諸々の呪縛から解放されるのだから、その先の生き方くらい自由にさせてくれ、要らざる指図は止めてくれと言いたい。

退場時のみならず、この世代は、その人生のライフ・サイクルの折り目折り目で否応なく脚光を浴び続けた。その理由は一にかかって、この世代の人口の多さにあった。

それゆえに、この世代の一挙手一投足は世間の耳目を引くこととなったのだ。生まれた一九四七年から四九年の頃は、ベビーブームと喧伝され、受験の頃には過激な競争にさらされ、大学入学後は大学闘争の担い手となって注目された。

そのあおりで、私が受験した年には、東京大学の入試が中止になるという空前絶後の事態が発生した。その意味、意義は何だったのか。当時、ちょうど東大生で、全共闘系の活動家だった遠縁の男は、「東大出身者が一年、世に出ないという事実は日本社会の行く末に大きな影響を及ぼすことになる」と豪語した。だが、実際には、世間の大勢には何ら影響はなかった。

「団塊の世代」は、大学闘争の後も、就職、昇進等、人生の節目節目で、常に過当な競争にさらされ続けることになる。

そうして退職の頃になると、その膨大な退職金や年金が問題視され、近未来の介護の受益者として厄介者扱いされるようになる。何とも割の合わない世代ではある。

ただし、我々は塊でも、集団主義者でもない。それぞれに個性的な個なのだ。「団塊の世代」と言う堺屋太一の造語がずっと勝手に一人歩きしているだけなのだ。最近、『「ニート」って言うな！』というまじめな書物が出版されたが、それに倣って言っておこう。

「『団塊の世代』って、一括りにして言うな！」。……世代論が意味のないものとは、私も思っていないけれども。

（「サンデーコラム」『岐阜新聞』二〇〇六年三月一二日付朝刊）

右のようにいってはみたものの、「団塊の世代」という呼称自体は、数の多さを示すには悪くない表現ではある。けっして堺屋太一の軍門に下るわけではないが、これだけ広く世間に知れわたった呼称の変更を試みようとするなら、それに要する労力は膨大なものになろう。

とはいえ「団塊」とは割合に言い得て妙な表現

それだけの労力を投入するくらいなら、むしろ、その表現に付随する誤ったイメージを払拭するためにも、その語の規定を明確に行ったうえで、その実態に迫り直す方が生産的であろう。

ということで、以下、「団塊の世代」の語の規定を行うとともに、その括弧を外して団塊の世代、団塊世代として論ずることとする。

そもそも「団塊」とは、多くの辞書では「かたまり」の一言で、その説明を済ませている。やや詳しくは、「岩層中に存在する球状《きゅうじょう》、楕円《だえん》状、扁平《へんぺい》状などの形をなす塊」（『広辞苑』）、「堆積岩《たいせきがん》中に存在する、周囲より硬いかたまり」（『大辞泉』）といった解説がなされる。つまるところ「かたまり」というのが「団塊」の語義なのである。これ以上、「団塊」を探っても意味はないので、続いて「団塊の世代」をみてみよう。

「ベビーブームの昭和二二～二五、六年にかけて生まれた世代、他の年齢層に比べて多人数のこの世代が社会の中枢を占めるようになっていることから使われる」(『最新情報語辞典』、一九八四年初版、永岡書店)。「第二次世界大戦直後の日本において一九四七年から一九四九年にかけての第一次ベビーブームで生まれた世代である。作家の堺屋太一が一九七六年に発表した小説『団塊の世代』によって登場した言葉である」(フリー百科事典『ウィキペディア』二〇〇六年、http://ja.wikipedia.org)。「第二次大戦後、数年間のベビーブームに生まれた世代のこと。堺屋太一が命名し、「昭和二二年から二六年頃までに生まれた人々」(一九四七年から一九五一年ごろまで)という定義をした。人口構造に基づく厳密な定義ではもう少し幅が狭くなる。堺屋太一の著書『団塊の世代』によれば、「日本民族は終戦直後の一九四七年から一九四九年にかけて、空前絶後の大増殖を行った。この三年間に生まれた日本人は、その直前よりも二〇%、直後よりも二六%も多い」のである。この原義が拡張され……次のように分類することもある。

・プレ団塊　　一九四三年～一九四六年生まれ

・団塊　一九四七年～一九四九年生まれ
・ポスト団塊　一九五〇年～一九五三年生まれ」（二〇〇六年、http://d.hatena.ne.jp）。

『団塊』とは、文字通り『かたまり』のことで、団塊世代とは、戦後のベビーブームに誕生した……世代の人々をいう。一九七六年（昭和五一）、堺屋太一氏が上梓した小説『団塊の世代』。第二次世界大戦後に出生し（た）……この世代が『団塊の世代』と呼ばれるようになったのは、この後のことである。……団塊世代には、一九四六年（昭和二一）～一九五〇年（昭和二五）に生まれた世代（というとらえ方）と一九四七年（昭和二二）～一九四九年（昭和二四）に生まれた世代というとらえ方がある」（東京ガス都市生活研究所「生活レシピ」二〇〇四年）。

歴史的現在における存在としての「団塊の世代」

ここで、一応、現代用語としての「団塊の世代」の説明もみておこう。

「一九四七年から四九年……に生まれた世代で現在約六八〇万人。……彼らは一見新時代の創造者のようにみえるが、実は時代の破壊者だった。全共闘をつくって学生運動に事実上の終止符を打ち、会社に入ると彼らすべてを処遇することが困難なために、年功序列と終身雇用が崩壊した。そして二〇〇七年から彼らの大量退職が始まるため、保険料の引き上げと給付の引き下げという公的年金制度の抜本改悪が避けられなくなった」（『現代用語の基礎知識』二〇〇六年、自由国民社）。

この叙述のどこから、「団塊の世代」が破壊者と読み取れるのだろう。これでは、まるで「団塊の世代」を悪者に仕立て上げるための叙述のようではないか。

『イミダス』は次のようにいう。「……一九四七年から四九年生まれのベビーブーム世代のこと。……人口構成上突出した世代……。団塊世代の定年は、年金などの社会保障制度に対してのみならず、高齢者を対象とする市場の拡大など、大きな経済・社会面での影響が考えられる」（二〇〇六年、集英社）。まずは、公平な記述といえよう。

『知恵蔵』もみておこう。「……その数（約六七〇万人）が多いことと、労働市場でのポスト数が限定されているために役職に就けない人が急増し、ポストレス時代に突入している。また、彼らの大量退職による二〇〇七年問題に多くの企業が危機感を抱いている」（二〇〇六年、朝日新聞社）。これまた、数の多さに注目した記載である。

この他にも「団塊の世代」を説明した叙述は数多いが、似たり寄ったりなので、これくらいにして、以下に、私自身の「団塊の世代」の規定を明示しておこう。

「団塊の世代」の歴史的規定

右のように、「団塊の世代」は、少し広く一九四六年〜五〇年生まれの人々を指す場合と、少し狭く一九四七年〜四九年生まれの人々を指す場合とがある。私は、世代という際には、やはりある程度の年齢の幅を持たせるべきではないかと考えている。

そういう観点からすると三年間をもってひとつの世代とするのはやや狭い見方と言わざるを得ない。加えて、一九四六年から五〇年にかけての出生者数は一〇三七万人で、その後の一九五一年から五五年にかけての出生者数八五八万人、一九五六年から六〇年にかけての出生者数七七九万人に比べて百数十万人から二百数十万人も多い。しかも学年暦でいえば、一九五〇年早生まれの人々は、四九年四月以降生まれの人々と同学年を構成する。

これらを勘案すると、「団塊の世代」は、一九四六年から一九五〇年にかけて生まれた人々としたいところではある。

しかし、巷間、「二〇〇七年問題」とは、二〇〇七年以降、一九四七年生まれ、四八年生まれ、四九年生まれが順次、還暦に達し、定年対象年齢になり、社会の第一線を退いていくことに伴って生じる（可能性のある）、熟練労働者不足、年金制度などの社会保障制度の破綻等々の諸問題というように認識されている。

すなわち、「二〇〇七年問題」との絡み合わせに基づく理解としては、一九四七年から四九年にかけて生まれた人々をもって「団塊世代」と考える向きが多いのである。

こうしたあれこれを勘案しながら、私は「団塊世代」を以下のように規定しておきたい。

＊

第二次世界大戦後、世界的レベルで潮流となったベビーブームは、日本でも一九四六年から五〇年にかけて顕現した。この間に生まれた日本人の新生児は一〇〇〇万人を優に上回り、その前後の時期に比べて格段に多い。

わけても、一九四七年から四九年にかけて生まれた人の現在の総数は七〇〇万人近くに上り、その数は日本の全人口の五・四％を占める（二〇〇〇年度国勢調査結果）。

この一九四七年から四九年（より正確には、四九年遅生まれと学年を同じくする五〇年早生まれまでを含む）にかけてのベビーブーマーを、「団塊世代」として捉える。

数の多さゆえに、この世代は、そのライフサイクルのなかで注目され続けた。すし詰め教室、受験戦争、大学闘争、就職難、ニューファミリー、出世競争、世代間のギャップ、二〇〇七年問題等々、二〇世紀後半から二一世紀初頭にかけて生起した諸々の社会問題は、事実、この世代の存在と関わっている。

それだけに、良きにつけ悪しきにつけ（悪しきの方が圧倒的に多い）、この世代は、世代論の俎上《そじょう》に乗せられやすい。一九七六年、堺屋太一が自らの小説で、この世代を「団塊の世代」と称した。それ以降、同世代に対する諸々の誤解を内包しながら、この呼称が巷間に広く流布し、定着していった。

*

以上、「団塊の世代」に関して、私なりに歴史的視座からの定義を行ったので、以後は括弧を外して、団塊の世代または団塊世代として論じることとしよう。

ちなみに、私自身も同世代最末期（一九五〇年早生まれ）の人間であるから、本書は、なにほどか自分史的な叙述ともなり、また、なにほどか自己省察的な叙述ともなろう。もちろん、なによりも客観的な歴史的事実に基づく同時代史叙述ではある。

私には、かの『古事記』の口述者、稗田阿礼《ひえだのあれ》よろしく、現代の「語り部」でありたいという志向がある。したがって、本書が、江湖に広く受け入れられ、団塊世代の方々はもちろんのこと、団塊世代に関心を寄せる各世代の現代人に読まれることを願うとともに、後世における団塊世代研究の史料の一つとして、大いに活用されることをも念じている。

歴史としての団塊世代

同時代史の試み

同時代史は可能か

「団塊の世代」の人々の多くはまだ生存中である。その世代は、そろそろ社会の第一線から去ろうとはしているけれども、まだまだ各方面で中核的存在として重きを成して頑張っている人たちも多い。

人生という舞台の折々で注目されてきたこの世代は、因果なことに、社会の第一線からの去り際や去った後の生活まで脚光を浴び続けている。その理由は一言でいうなら、彼らがあまりにも多数だからである。他の世代に比べて、多数であるがゆえに世間の耳目を引き続けた「団塊世代」のライフサイクルは、まだ現在進行形の事象なのだ。

このような現在進行形の人々の生に関わる事象、事件、その生活、その思想、その生き方、その思考、その行動の軌跡等々に、歴史学的視座と方法論をもってアプローチすることは可能かつ有効なのだろうか。

以前であれば、答はいうまでもなく否だった。日本現代史研究の第一人者の伊藤隆は、昭和三〇年代の後半に昭和史研究を志した時、指導教官から「昭和期はまだ歴史研究の対象としては無理だから止めた方が良い」といわれたという（伊藤隆「近現代史史料の現在」『本郷』五三、二〇〇四年、吉川弘文館）。現在ですら、現代史、同時代史に懐疑を示す、正統をもって任ずる歴史家は皆無ではない。

かつては、一つの事件、一つの事象、一人の人物が現在進行形であること、すなわち継続中、生存中であることは、それだけで十分に歴史研究の対象からは排除されることを意味していた。そして、その排除の論理には、それなりの妥当性もあった。この排除の論理の要諦は、現在、生起している事象――すなわち、主体か客体かは別として、また、意識するかしないかにもかかわらず、何らかのかたちで自らもその渦中に巻き込まれている事象――に関しては、それを歴史学の対象として客観的に見据えることは不可能ということに尽きる。

現在、生起している事象に関しては、当然、現時点でまだ生存中の人々の関与が考えられる。当該人物は死去していたとしても、その遺族等、少なからぬ関係者が生存していることが予測できよう。そのような場合、生存中の当該人物に不利益をもたらすような文書は秘匿《ひとく》されているケースが多い。

同時代史研究に伴う困難

現在では、公文書の公開や一般的な情報公開も以前とは比較にならないくらいに進展している。しかし、それにしても原則として、国家や生存中の人物の不利益にならない範囲内等のたががはめられている。けっして全面的な公開ではない。まして当該人物が不利益を被ることが明白な内容の私文書ともなれば、少なくとも、その人物の生存中の公開は望むべくもあるまい。個人情報保護法の施行も、同時代史研究には足枷《あしかせ》となりうる。

このように、まだ良質な文献資料は公開されていない可能性が高い環境下で、同時代史叙述を試みようとするなら、厳密な歴史研究に耐えうる程度の良い史資料を渉猟《しょうりょう》する労苦がついて回ること必定であろう。

一方、同時代においては、諸々のかたちで公表される大きな事件や事象に関する文書等々は、巷《ちまた》に溢《あふ》れかえっている。そのなかには、事実を伝える記録や真摯《しんし》に状況を見つめる叙述もあれば、興味本位のイエロージャーナリズム的叙述もあろう。大事件や耳目を引く事象に関与した人物に阿《おもね》るような誇張された叙述等も大いに出回るであろう。

そこには、歴史的事実を確定することに資する良質な叙述もあれば、他方では必ずしも事実の一端をも正確に伝えてはいない叙述もある。こうして玉石混淆のうちに、一つの事件、一つの事象、一人の人物に関する諸々の資料は、膨大な量になって蓄積されていく。

このように、現在進行形の事件、事象、人物等に関しては、関係者や遺族の生存のゆえに重要な根本的史資料が未公開であろうこと、その一方で玉石を含めて史資料が多すぎることなどを主因として、歴史的事実を確定しながら、その史実に基づく正確な同時代史を叙述することは難しいから止めておくべきという抑制が働いてきたのだ。

同時代史は可能である

こうした抑制は、歴史学が、一級史料を原資として、その厳格なテキストクリティーク＝史料批判をもとに、共通認識としての史実を確定しながら、一つの歴史世界を構築することをもって、そのレーゾンデートル（存在理由）とする学問であってみれば、当然の自己規制として首肯できる。

事実、そうした抑制は、歴史学徒間の共通理解として君臨し続け、戦前はおろか戦後においてすら、少なくとも五〇年程度は以前の出来事でなければ、歴史学の扱う対象とはなりえなかったのだった。

たしかに、長い年月の経過とともに、同時代にあっては非公開だった重要な公私の文書が公開されていくことになろうし、夥《おびただ》しい量の資料も徐々に淘汰《とうた》され、良質なもののみが残っていくことになろう。その時こそが、歴史研究の対象となる時という認識にも全く説得力がないわけではない。

しかし、今日では、もはや、そんな悠長なことばかりもいっていられなくなってきた。時の歩みが極端に速くなってきたからである。それこそ、ほんの昨日の出来事と思われた事柄でも、あっという間に過去の忘却の彼方に押しやられていってしまうような事態が常態化しているのだ。うっかりすると、五年、一〇年前のことでも正確に甦《よみがえ》らせることは難しい。

近現代の日本は、西欧化、資本主義化、工業化、情報化、ＩＴ化、国際化、グローバル化等々、生産のあり方、社会状況、国家間関係、その他、あらゆる分野において、常に〇〇化の状況下におかれてきた。幕末維新期以降の日本は、ひとつの安定した状態に留まることを許されず（または自ら許さず）、常なる変化を余儀なくされ（あるいは自ら求め）てきたといえよう。

こうした状況の連続の下では、一つの時期から次の時期への移り変わりは速く、しかも時期と時期との間の連続性は希薄になり、その間の断絶は顕著となる。その断絶により、直近の過去の重大な出来事すら忘れ去られてしまいかねない。

そんな時代の進行、進展（けっして進歩とはいえない）の速さに鑑みる時、直近の過去、ひいては現在進行中の事象に関する歴史学的研究の必要性・必然性が浮かび上がってくる。すなわち、同時代は歴史研究の対象にならないなどと、おつに澄ましているうちに、直近の過去の出来事が迷宮入りしてしまうなどという事態は防がなければならないのだ。

ここにこそ、現代史、同時代史のレーゾンデートル（存在理由）が見出せるといえよう。同時代史研究は、実は可能というよりも、必要不可欠なのだ。同時代史研究を蓄積していかないと、現在進行形の重大な出来事が、歴史の舞台に登場することなく闇に葬られてしまうことにもなりかねないからである。

同時代史研究には、先のような困難が伴うことは否めない。しかし、それらを逆手にとって、古い時代の歴史研究では用い得ない方法を使って、研究を深化させることもできるのだ。

まずは、生存者に対する聞き書き調査ができることは、同時代史の第一の特権といえよう。これは、他の時代史の研究では転んでも為し得ない技である。これをもとに文書史料だけを用いたのでは到底、構築し得ない生き生きとしたオーラル・ヒストリー（録音した史資料をもとにした口述史）を叙述することも可能である。

このオーラル・ヒストリーの手法は、歴史の浅い米国やカナダではすでに歴史学の研究手法として市民権を獲得している。日本でも御厨《みくりや》貴《たかし》らが、可視性の高い政界の人物等に対して、この手法をもって接近し、政府・自民党における政策決定過程の実態に肉迫する等の研究を蓄積しようと試み始めている。そして、この手法は、実は政官財界の権力者の調査だけではなく、広く市井の人々の人生・思考・行動の軌跡等々を調査する際にも大いに効力を発揮する。私も、自らの海外各地における日本人移民の研究調査に際しては、このオーラル・ヒストリーの手法を大いに活用して、日本人移民史を描き出している。

この手法を用いて歴史叙述を行う場合の一つの大きな留意点とされる「インフォマント（情報提供者）の記憶の不確かさ」や「自らに不利な事柄は述べない」といった弱点は、他の聞き書きや文書史料等でかなりの程度、補正することができる。さらに同時代史研究においては、文化人類学的な方法論であるパーティシパント・オブザベーション（長期参与観察）の手法なども援用できる。その他、統計処理等、社会医学や現実諸科学の方法論をも用いることで、ともすれば平板になりがちな歴史叙述を構造的にふくらみのあるものにもできるのである。

以下、早速、聞き書き調査やパーティシパント・オブザベーションの成果を披露しながら、団塊世代を語っていくことにしよう。

異世代の語る団塊世代

団塊世代のイメージ

私は、二〇〇五年秋から二〇〇七年春にかけて、一〇代後半から八〇代後半に至る（すなわち団塊世代の人々を含む）四〇〇名弱の男女（無作為抽出とは言い難いが）に対して、「団塊の世代に対してどのようなイメージを持っているか」「その世代をどのような存在と考えているか」といった問いを中心にした聞き書き調査を行った。男女比は、ほぼ一対一である。

各年代別の人数は、一〇代後半約七〇名、二〇代約一〇〇名、三〇代約四〇名、四〇代約五〇名、五〇代約八〇名、六〇代約三〇名、七〇代約二〇名、八〇代約一〇名。一〇代、二〇代、八〇代では女性の方がやや多く、三〇代、四〇代、五〇代では男性の方がやや多い。

質問紙を配布して、それに記載してもらって後で回収するといった方法ではなく、ほとんどの場合、直接、面接するなかで、発問し、即答してもらった（ごく一部、メールで問いを発して、メールで返答してもらったケースもある）。

調査地は、私の日常的な行動半径内、すなわち東京都、神奈川県、静岡県、愛知県、岐阜県、京都府、大阪府の都市部が主である。したがって、回答者のほとんどは大中都市在勤者であり、同都市およびその近郊のベッドタウン在住者である。メールでわずかに農山村部の声も聞いたとはいえ、その農山村在住者も基本的には都市生活者に準じる存在なので、本調査では、純粋な農山村部の団塊世代に関する声は欠落している。

しかし、マスメディアの発達した現代日本においては、もはや、諸々の「イメージ」に関して、都市部在住の人々と農山村部在住の人々との間に大きな懸隔《けんかく》はないといえよう。とするなら、今回、農山村部の人々の声を多くは聞けなかったことはさほど本調査の欠点とはならないと考える。

インフォマントになって下さった方々は、一般企業のサラリーマンやＯＬ、商社マン、銀行員、自営業者、小中高教員、大学教職員、弁護士、医師、建築士、会社経営者、文筆家、絵本作家、エッセイスト、工員、主婦、大学生、無職の年金生活者等々、多彩な職種にわたる老若男女である。

まずは、「団塊の世代とは」という問いに対する回答を概観しておこう。世代を問わず、「他の世代に比べて、滅茶苦茶に人数が多い世代」「良きに付け悪しきに付け、人数が多いために常にその言動が注目された存在」といった「多数であったこと」を直視する無難な返答が圧倒的に多い。

団塊ジュニア世代より若い世代では、概して団塊世代に対する関心は低い。「そんなに関心がないので、鮮明なイメージはない」「何か威張ってる人たち」「これからの金食い虫」「よく分からない存在」「ほとんど無関係な人たち」等の回答が並ぶ。

文学的に一言、「うらぶれ中年」との評も。調査したなかで一番若い層、現役の大学生の男女では、「団塊の世代といっても、はっきり、こんなイメージというのは浮かんでこない」「自分たちとはほとんど関わりのない世代」「あまり接点のない世代」等々の回答はまだ良い方で、「とても古い時代の人々」「遠い過去の人」等々、縄文人や弥生人でもあるまいに、古い歴史的過去の存在（あるいは遺物！）として認識している向きすらあった。

このあたりは、十五年戦争と、白村江《はくそんこう》の戦い・元寇《げんこう》・秀吉の朝鮮出兵等とを歴史的過去として同列に見るような歴史観と同然であり、中等教育において、まだ近現代史が等閑視されている現状を物語って余りある事実のように思われる。

団塊世代に敵対的な世代

団塊世代と団塊ジュニア世代の中間に位置する世代からは、団塊の世代を敵視するような回答や、その存在を厄介視するような回答が数多く得られた。

いわく「一言でいって、早くくたばってほしい存在」「端的にいうなら目障りな存在」「常に社会的に厄介だった存在」「これから一層、社会全体のお荷物になる存在」等々、団塊の世代に対する嫌悪感や敵愾心《てきがいしん》をむき出しにしたような回答が少なくなかった。その背景には、個人的な事情も介在している。たとえば、自分の上司であった団塊世代の人物が、自分の価値観を部下に押し付ける人だったとか、理不尽に怒鳴り散らす人だったとか、自分勝手な上に人使いが荒い人だったとか、である。

しかし、これら箸にも棒にもかからない上司の習性は、何も団塊世代の上司の特性とは限らない。どの世代にだって、こうした上司は見出すことができる。偶々《たまたま》、団塊世代以下、団塊ジュニア世代以前あたりに位置する世代にとっては、直属の上司が団塊世代の人物であり、直接的な関わりも多かったために、個人的・個別的なレベルでの軋轢《あつれき》が多々生じ、その結果として、個人的に団塊の世代への反感を抱くことになったケースが多いのだ。また、多数の団塊世代の存在のために、自らの昇進が遅れたといった怨嗟《えんさ》の声も聞こえてきた。ただ、これら小状況における個人的な事情による団塊世代の「個」に対する反感、怨嗟の声等は、大状況においてはそれほど大きな問題ではない。

問題は、「目障り」「厄介者」「お荷物」といった同様の表現ながら、「個」のレベルを超えた、「全体」としての団塊世代への反感が極めて強かったことである。これらは、世代間の反目《はんもく》、世代間の軋轢ひいては世代間戦争すら想起させるものであった。先行するドイツの世代間問題のように先鋭化する可能性が大であるところが大問題といえよう。

こうした反団塊世代的な見解の背景には、マスコミの影響がある。ことに二〇〇五年頃からマスメディアがこぞって喧伝し始めた、「二〇〇七年以降、団塊世代が順次定年を迎え、社会の第一線を退き、年金生活に入っていくことにより、必然的にその生活を支える格好になる団塊以降の世代の負担は一層、重くなる」「団塊世代の定年に伴って、世代間格差は一層、拡がる」といった類の話に踊らされた――と言って言いすぎなら、こうした類の話に同調した――見解とみることができよう。「二〇〇七年問題」と称したマスコミの喧伝効果は絶大だったのである。

団塊世代に好意的な世代

逆に、団塊世代より上の世代の団塊世代に対する評価やイメージには、往々にして好意的なものが多かった。これはいうまでもなく、その世代は、数多い団塊世代の働きの恩恵に浴しているという意識に基づくものである。

団塊世代より上の世代は、ほぼ第一線を退き、年金生活者となっている。彼らは、戦後復興期、右肩上がりの高度経済成長期そしてバブル経済期の下で、実労働年代を送った。彼らの背後からは常に多数の団塊世代がやってきて、大いに働き、大いに年金のための掛け金を納めたから、老後に困らないだけの年金を受給し、悠々自適の余生生活を享受している人が多い。

そうした事実を背景にして、「ものすごく存在感のある世代」「団塊の世代はよく働いた」「彼らには『頑張り屋』というイメージを持っている」「個性豊かな世代だったように思う」「信頼できる仕事上のパートナー」「人数が多く大変ななかで懸命に頑張っていた人たち」「現在の日本の繁栄を築き上げた人々」「高度経済成長の担い手」「日本の新しい方向を切り開いていった連中」等々といった好意的な評価、イメージが多く見られるのだ。

もちろん、そのなかにあっても、「自己主張が強い」「あまり協調的ではない」「自信家が多い」等の、日本的文化空間のなかにあっては、どちらかといえばプラスとは受け取れない評価もなくはなかった。数少ないこうした評価は、団塊世代より上の世代の個人的体験によるものである。すなわち、彼らの部下としての団塊世代の「個」が、上司としての彼らに必ずしも従順ではなかったこと等に起因しているのだ。

こうした「個」の体験に基づく見解を除けば、団塊世代より上の世代の、「全体」としての団塊世代に対する評価やイメージは概して良好であった。

以上、かいつまんで、各世代の「団塊世代」評やイメージを見てきた。これまでで欠落しているのは、団塊世代自身の自らの世代に対する評価やイメージそして団塊ジュニア世代のそれらである。前者は次節「同世代の語る団塊世代」に譲るとして、ここでは後者に少々触れておこう。

団塊世代を羨望する世代

団塊ジュニア世代では、多少なりとも親たちを羨《うら》やましげに見ている傾向が見られる。この世代は、狭義には年間出生者数が二〇〇万人を越えた一九七一年から七四年までに生まれた人々を、より広義には年間出生者数が一五〇万人を維持した一九七〇年代に生まれた人々を指す。

一九四六年から五〇年にかけて生まれた団塊世代＋その前後世代の女性が二〇代半ばに

達し、その多数が結婚し、出産した時期、やや遅れて同世代の男性が結婚し、父親となったのがちょうど、この七〇年代だった。

団塊世代にあっては、「同棲」が流行り（『同棲時代』というマンガが支持され、それは由美かおる主演で映画化された）、「友だち夫婦」（すなわち学生時代の友だちから、そのまま結婚して夫婦になった男女）が流行った。

団塊以前の世代では、まだ「お見合い結婚」が多く、仲人を介する、このタイプの結婚では、男の方が三、四歳年上というのが夫婦のアイデアル・タイプ（理念型）とされていた。

しかし、団塊の世代に至って、「恋愛結婚」の方が多くなり、それに伴って夫婦の年齢差も僅少化していった。こうして、一層、一時期に結婚・出産が集中し、第二次ベビーブームが到来、団塊ジュニア世代の出現となったのである。

この世代の人々にとって、団塊世代の人々は親の世代ということになる。そうしてみれば、彼らの団塊世代に対する評価も甘くなるのは当然といえるかもしれない。

ちなみに、団塊ジュニア世代のころから、後にニート、フリーター、パラサイト・シングル等と称されるようになる若者群が出来《しゅったい》し始めた。これに関しても、「そうした甘ったれた若者たちが出現するようになったのは、団塊世代の子育てが間違っていたからだ」「団塊世代が人の子の親として、なっていなかったから、ああいう困った若者たちが量産されることになった」といった団塊および団塊ジュニア両世代に対する偏見に充ち満ちた見解を発する他世代の人たちもけっして少なくはない。

個別的な団塊世代論（1）

以上、各世代（団塊世代を除く）の団塊世代に対するイメージ、見方を概観した。続いては、各世代（同右）の個別的な団塊世代観を少しみておこう。まずは男女現役大学生の見解から。

・A大学生（女、一九歳）……団塊世代の大勢の人たちが仕事を辞めたら、こちらに就職のチャンスが回ってくるからラッキー！　その人たちに抱く気持ちはそれだけ。どうこういうイメージなんか持ってない。いつまでも仕事にへばりついててもらいたくない。「早くひっこめー」って感じかな。

・B大学生（女、二二歳）……団塊世代が定年を迎えるということは、その人たちが働かなくなり、生活するお金にも困り、他人に頼るようになることを意味します。だから、すでに大問題になっている年金問題がより深刻化し、大きな混乱が起きることが予測されます。ただし、私は、これまで汗水垂らして働いてきた人たちに対して、国家がきちんと年金を給するのは当然だと思うし、若い私たちが、団塊世代の人たちを年金泥棒みたいにいうのは間違っていると思います。

・C大学生（男、二〇歳）……僕らの団塊世代に対する関心といえば、その人たちの退職に伴って発生する年金問題と労働力不足と労働の質の低下と彼らのその後の人生ですかね。ただ年金問題は、彼らの問題ではなく、国家の政策の無策ゆえの問題です。これをあたかも彼らの責任のように取り沙汰する向きもありますが、これはお門《かど》違いの議論ですよね。労働力不足の問題等もグローバルな視点で見ていくべきマクロな問題で、団塊世代の退職といった矮小な視点だけで解決できる問題とは思えません。

・D大学生（男、二一歳）……団塊世代の定年退職によって、各企業等の熟練労働力不足が深刻化するでしょう。この時、各企業が、どのような対応をして、その危機を乗り切るのか、あるいは単に企業規模を縮小することで生き延びようとするのか、そのあたりの各企業の動向に関心があります。日本経済の根幹が揺らぐというような事態にはならないのではないでしょうか。

個別的な団塊世代論（2）

続いて、働く若い世代（団塊ジュニア世代を含む）の見解を見てみよう。

・Eフリーター（女、二三歳）……団塊世代の人たちって結構、働き者で、各方面の専門家になってる人が多いでしょ。だから、そういう人たちが一斉に定年退職していってしまうと、さまざまな職場が私たちみたいな、そんなに働き者じゃない素人ばっかりになるんじゃないかって心配になっちゃう。

・F歯科技工士（女、二五歳）……団塊世代のイメージは、常に辛い思いをしながら、今の日本を立ち上げた人たちということに尽きますね。これから退職していくのに、あんまりいじめちゃ可哀想。

・G銀行員（男、三四歳）……働き蜂の大先輩って感じですかね。これからその世代の人たちの懐は、僕らの狙いどころですよ。退職後のその人たちの金がどういう風に動くのかには大いに関心がありますね。

・Hフリーター（男、二七歳）……すげえ数のその人たちを俺らが養っていくのかと思うと「やめてくれー冗談じゃねえー」って感じ。なんで、俺らが犠牲になんなきゃなんねえの？　早くくたばって欲しいよな。

・Iマスコミ関係者（男、二四歳）……国家や各個人が、老いていく団塊世代にどのように対応していくのか？　この対応の仕方は、これからの日本のあり方を占う試金石になると思いますよ。

・J高校教師（女、三一歳）……私の父母もちょうど団塊世代の人間です。だからかもしれないけど、その世代は結構、ひいき目に見ちゃいますよね。両親をみてても、二人とも教師なんですけど、物事を本質に遡って考えようとするし、生徒思いだし、尊敬しちゃってます。いまでも二人で教育論なんか戦わせたりしてるし、気が若いんですよ。教師やってく上で両親は鑑です。そんなわけで、団塊世代って、目映《まばゆ》いような、羨ましい世代ですよ、私にとっては。

・K出版社員（男、二六歳）……戦後のベビーブームによって生まれてきた人たちが団塊の世代の構成員でしょ。数が多くて大変。いつも過当競争に晒されていたお気の毒な世代ですよね。昨今では退職金とか年金とかで、いわれなき中傷は受けるし、とにかく「お気の毒世代」って感じがしますね。

・Lツアーコンダクター（女、三〇歳）……高度成長の時代を、家族より仕事第一でがむしゃらに頑張っていた今のオヤジというところでしょうか。生活の豊かさと日本の成長を目差し、未来を信じて頑張ってきたウブな人たちって感じもしますね。

団塊世代と団塊ジュニア世代の中間に位置する世代の見解は、先に触れたように概して極めて辛辣である。

個別的な団塊世代論（3）

・M医師（男、四四歳）……高度経済成長は、団塊世代のお蔭という話をよく聞きますが私はそうは思いません。時期的に見て、日本の高度成長期に中核的存在として、それを実質的に支えたのは団塊世代の前の世代の人々ですよ（筆者もこの点に関してはM医師の見解に同意する……筆者注）。団塊世代の人たちは、その高度成長に乗り遅れまいとしてしゃかりきに働いたにすぎない。余り自分というものをはっきり持ってないんじゃないのかなあ。時流に阿《おもね》るようなところもあって「卑しさ」を感じます。そのくせ反体制ぶったり、妙に斜に構えてるポーズを取ってみたり、なんか卑しいよなあ。好きになれませんね、団塊は。

・N製造業サラリーマン（男、四九歳）……ちょうど上司が団塊世代のヤツなんだけどさあ、全くゲジゲジ野郎のイヤなヤツなんだよ。信じがたい神経の持ち主でさあ、仕事はそこそこできるんだけどさあ、威張り散らすばっか。あの野郎の辞書には「部下思い」っちゅう言葉がないんだよ。で、おまけに、シャレは分かんねえし、ケチだしさあ。飲みに行っても必ず割り勘だし、もう行きたくねえーっちゅうハイ！　って感じよ。団塊は数が多くって、いつもワリ食ってきたから、さもしいんかなあ。まあ、俺の上司だけ見て、団塊世代はどーこーっちゅうのも偏狭な見方なことは分かってるけど、ごく身近かにいる団塊がそいつなんだから、しょうがねえよなあ。まあ、俺の独断と偏見と思って聞いといて。

・Oソーシャルワーカー（女、四〇歳）……団塊の世代は、時代の波に乗って、深く考える必要もなく生きてこられた世代だと思います。時代背景上、自分探しに時間を費やすことを許されず、とにかくただ頑張って働き、走り続けてきた人たちではないでしょうか。ですから、これから、仕事をリタイアした後、自分と正面から向き合って、生き方を探られるのでしょうが、これまでがこれまでだけに、その作業は難航するのではないかと思います。リタイア後、ただ何となく時間がすぎていく生き方に埋没するのは辛いでしょうし、かといって仕事を失った喪失感を補う何かを持ち合わせているその世代の方って、そう多くはないでしょうから、これからが大変でしょうね。

・P自営業（男、四二歳）……競い合いのなかで頑張り続けてきた哀れな世代。競争的集団主義の権化。日本経済のために生け贄《いにえ》にされ、働き盛りのころは、ただ「こき使われた世代」。定年退職のころには、退職金が減り、年金も減り、それでいて自分たちより若い世代から、嫌がられ、迷惑がられる哀れな世代。哀れな末路をたどる因果な世代ですね。

・Q大学教員（男、四七歳）……まずは、ネガティブなイメージが強いです。年齢的には、そんなに離れてない世代だけど、心理的距離は離れてますね。高度成長の後半部分を担って日本の経済発展に貢献してきたのは事実でしょうけど、後の世代からは、その存在は軽視されている感じ。人口が多くって可哀想だなと同情しちゃいますね。老後は寂しそう、侘びしそう。痛々しい感じすらします。

個別的な団塊世代論（4）

最後に団塊世代より上の各世代の見解を見ておこう。

・R無職（男、七九歳）……結構、やる気もあって、実行力もあり、日本の発展に大いに貢献した世代だと思いますよ。その世代の人数が多かったから、その人たちの働きで私たちの年金がまかなわれていることには感謝せざるをえませんですなあ。

・S無職（女、八〇歳）……一つの目標に向かって頑張った世代じゃないでしょうか。だから、一本、筋が通っていますよね、団塊の世代の人たちって。強気で負けん気が旺盛な人たちが多いように思いますけど、それでいて協調精神もあって、思いやりもあるし、いい人たちが多いんじゃないでしょうか。

・T書道師範（女、七八歳）……団塊世代って、長らく第一線で働いていて、ここへきて、どっと退職される方々のことですよね。この世代の人たちがいたからこそ、今の日本があるような気がしております。ですから、その世代の方々には感謝しこそすれ、批判なんかはとてもできませんわ。でも、どうも新聞なんかを見てますと、団塊の世代っていいますと、退職金や年金の問題などで叩かれているようでお気の毒ですわ。悪いイメージを持たれてしまっているみたいですけれど、この世代の方々が活躍してくださっていた頃を忘れず、感謝しなければいけないって思っておりますのよ。

・U大学非常勤講師（男、六六歳）……団塊世代の一斉退職の始まりは、日本の高齢社会が一層、本格化することを意味します。団塊世代は、私たちの世代のすぐ後の世代ですが、たとえば我々の世代では、大学を出て、大学院に入って、大学にポストを得ることも容易だったといっては何ですが、彼らに比べれば……。団塊世代は、大学入試も大変なら、就職も大変、大学院に入るのも大変、大学にポストを得るのも大変でしたし、これからも大変な「大変な世代」って感じがしますね。個人的には、その世代には結構、好感情・好印象を持ってますけどね。

・V自営業（女、六八歳）……団塊世代の方々が、全体として頑張ってくれたので、今日の日本があり、私たちの豊かな生活があるのだと思いますよ。団塊の人たちって、現代日本の申し子のような、生みの親のような……そんな気がしますね。ともかく強い世代だったような気がします。

・W建築士（男、六四歳）……自分を固守するタイプが多いと思うなあ。数が多いなかで競争に打ち勝ち、自分を守り、自分を確立しなければならなかったんだから、無理ないよなあ。でも、それだけに、ツボにはまると、凄いエネルギーで頑張る連中だったよ。

各世代の団塊世代観を総括する

先に述べたように、各々の世代によって、団塊世代に対する見方はかなり異なっている。しかし、同一の各世代内で見ると、具体的・個人的な視点からであれ、抽象的・観念的な視点からであれ、同一の各世代の人々が自らとの接点を探るなかで抽出した団塊世代観には奇しくも共通項が見出せる。類型化が可能といえよう。

再確認しておこう。以上、述べてきたのは、典型的な各世代の団塊世代観である。一〇～二〇代の、団塊世代に対する無関心と、関心がある場合でも年金問題、格差等との絡み合わせでの関心がほとんどという現実。団塊ジュニア世代の、団塊世代への郷愁にも似た憧憬《しょうけい》の念。団塊と団塊ジュニアの間に挟まれた世代の、かなり強硬な反団塊世代意識。団塊世代よりも上の世代の、団塊世代に対する評価の高さ、好意的な態度。ちなみに、この世代には、必然的に団塊世代の親世代も含まれるので、こうした高評価の背景には、ミウチ意識の介在、ミウチ贔屓という要因があることも否めない。

もちろん個々の見解をとってみれば、例外もある。しかし、最大公約数的な他の各「世代」の団塊「世代」観は、それぞれ、ほぼ右の通りということができよう。

では続いて、団塊世代自身の自画像を見ていこう。

同世代の語る団塊世代

団塊世代が語る団塊世代

団塊世代の人たちに聞き書き調査をしていて、もっとも多く異口同音に発された言葉の一つは次のような文言だった。

「異世代の人たちは、団塊の世代はその人生のすべての行程で頑張り続けてきたというようなことを、よくいうけれど、自分たちはそんなに頑張ってばかりきたわけじゃない」「よく高度経済成長の担い手として、モーレツ社員を演じてきた世代とかいわれるが、それは我々よりもう少し上の世代だ」。

団塊世代の人たちの自己イメージは多種多様なのだが、右のような認識では、ほぼ一致していた。どうやら彼らは、「頑張りの権化《ごんげ》」「高度成長の牽引車《けんいんしゃ》」視されることを極度に嫌っているかのようであった。

前節のM医師の発言のところでも注記したように（三八ページ参照）、私も、団塊世代は高度成長の中核を担った存在とは言い難いし、必ずしもその人生の舞台上で常に頑張ってばかりいたともいえないと考えている。

高度経済成長は、一九七三年（昭和四八）の第一次オイル・ショックを契機として終息に向かうというのが共通認識といえよう。その当時の団塊世代は、ほぼ二〇代半ば。大卒なら、まだ勤めて数年、中卒で「金の卵」と称され、集団就職列車で郷里から大都市に向かった人々でさえ、勤めて一〇年前後の時期である。そんな彼らを、高度成長の中核的存在ということはできまい。あえていうなら、三〇万人弱の中卒「金の卵」団塊が、高度成長を底辺で支えていたというのが正鵠《せいこく》を射た表現といえよう。

もう一つ、団塊世代の人たちに、かなり共通して見受けられた見解は、「団塊、団塊と一括りにして評価してもらいたくない。我々は同世代ではあっても、それぞれに個性的な人間なんだし、別に団塊世代といっても、その名のもとに特別の連帯感のようなものがあるわけでもない」というものだった。

けだし当然の見方といえよう。ことに前者に関しては、私もほぼ同様の認識を持っている。ただ、後者に関しては、その通りではあるが、そう言い切ってしまうと「世代論」そのものが成り立たないことになってしまう。

であるから、ここでは、プロローグでも触れたように、同じ時代の空気を吸い、同様の事象をかいま見、同じ事件を直接、間接に見聞し、同じ状況のなかで育ち、教育を受け、社会生活を送った人たちとして、諸々の共通項を持ち合わせている同世代の人々ということで、団塊世代のみならず個々の各世代の人々を同一世代として語ることは可能――すなわち「世代論」は一定限の有効性を有する――ということを再確認しておこう。

団塊世代の自画像(1)

創造的な職業の団塊男性たちの自画像は。

・A絵本作家（男、一九四八年生）……僕たちのセンスとして、いつも僕らが新しい時代を切り開くんだっていう気概を持っとったがや。学生運動にしたって、僕ら以前には、顕在的には、ほとんど民青《みんせい》（民主青年同盟。日本共産党系の学生・青年組織……筆者注）しかあれせんかったでよ（六〇年安保直前の頃から、反体制内における権威・権力と化した旧左翼に対して、学生大衆がニューレフトの思想を展開、実際の運動を展開していた……筆者注）。僕らの時に全共闘が結成されたんだぎゃあ。少なくとも「ノンポリ」では恥ずかしいって意識は、当時の学生には浸透してたで。もっとも卒業して、会社に入ると、ころっと転向する奴らもおったけどな。資本主義粉砕っていっとったのが、会社の広告マンになってまったりでよ。六、七〇年代のポップアートも僕らが引っ張っていったでね。各方面のデザイナーやらイラストレーターやら、その他の美術の分野でも、我こそは時代のパイオニアっちゅう気持ちでやっとる連中が多かったぎゃあ。団塊世代だっちゅうことでの連帯感なんかあれせんて。むしろ「塊やない、個だ！」っちゅう意識が強烈なんが団塊世代の特徴だがや。

・Ｂ作家（男、一九四七年生）……路地で遊んだ経験を持つ、戦後生まれの最後の世代だね。放課後は、近所の子どもたちと河原でチャンバラごっこってのが我々の幼いころの原風景かなあ。そんな時には、ガキ大将が、それなりにみんなをまとめてたよな。二〇歳前くらいの近所のニイさんが、自転車の荷台に乗っけてくれて、遠くまで連れてってくれたりした思い出持ってるのも我々世代までだよ。長じては、学園紛争かなあ。大学といえば、バリケード、ロックアウト、立て看板、アジ演説が原風景だもんね、我々にとっては。「ワレワレはー」で始まる独特の演説口調とか大学当局に対する「ナンセーンス」っていう掛け声は、耳にこびりついてるよ。団塊世代の特徴っていったら、ここらまでかな。この辺りで、団塊は終わってんじゃないのかなあ。切ないよな。後は、挫折とかいって、沈黙しちまったのが多いもんね。

団塊世代の自画像(2)

比較的、自由な職種の団塊男性たちの自画像は。

・C研究者（男、一九四八年生）……最初から体制に組み込まれて生きることへの違和感、最初から遮二無二《しゃにむに》、頑張ることへの違和感を持っていた世代だよ。そういう意味での矜持《きょうじ》は、団塊世代に共通するものじゃないかな。俺自身、そんなに主体的に大学闘争、学生運動に取り組んだわけじゃないけど、権威・権力への反発心とか、エリートや金持ち、要するに保守政治家、官僚、資本家といった存在に対する反発心とかは旺盛だったね。研究者の道を選んだのも、人付き合いが苦手ということもあったけど、今、いったような気持ちから、少しでも独立的な職業で生きていきたいって考えた結果でもあるんだよ。

・D弁護士（男、一九四九年生）……結局は、資本主義社会にどっぷり根を下ろして暮らしとるんやけどな。学生時代は、この俺かて、それなりに主体性をもって生きとったんやで。やっぱし、なんというたかて、「造反有理革命無罪」の世代やしなあ。一九六六年からの文化大革命《ぶんかだいかくめい》かて、中国共産党内部の権力闘争とかやのうて、もう少し理知的な理想社会体現のための運動やと思うてたし。一九八七年の天安門《てんあんもん》事件までは、中国人民解放軍はけっ

図１　文化大革命　紅衛兵の集会（1966年）

して人民に銃口を向けることはあらへんと信じとったもん。ちゃんと、毛沢東《マオツウトウン》語録かて持っとったしなあ。学生時代には、ノンセクト・ラディカルを気取っとったし、ベ平連のデモにも参加したし、これでも体制変革を夢見とったんやで。弁護士になろかいなあ思うたのんも、かっこつけていうたらやなあ、資本主義社会のなかで、弱きを助け強きを挫《くじ》くため、権力に媚《こ》びひんと生きてくためやったんやで。現実は大分、違ごてしもてるけどな。けど、団塊の連中は、多かれ少なかれ反体制・反権力っちゅう意識は持っとる連中いうふうに規定できるんちゃうかいな。

団塊世代の自画像(3)

大学卒業後は、資本主義の最前線に立った団塊男性の自画像は。

・E元商社マン(男、一九四七年生)……団塊世代といえば、その人生で最も輝いてた花の時代は学生時代だろう。団塊世代イコール大学闘争世代って、言い切っていいんじゃないかな。闘争の担い手だったヤツにしても、担い手ぶっててその実は日和ってたヤツにしても、真性のノンポリだったヤツにしても、権力の走狗《そうく》だったヤツにしても、何かみんな、それぞれに考えて、悩んで、苦しんで、それでいて、どこか燃えてたからなあ。理想を追い求めて、変革を、「造反有理」を叫んでたヤツに対しては、僕なんかはコンプレックスを感じてたね。青春のカタルシスっていうような皮肉な見方じゃなくってだよ。

彼らはまじめに状況を生きてるって感じだったもんな。僕なんか、自己批判しなきゃいけないけど、ファッション的に心情的全共闘だったにすぎなかった。岡林信康の「友よ、夜明け前の闇の中で、友よ、戦いの炎を燃やせ」なんてのを歌いながら、本物じゃない自分のひ弱さを感じてたんだ。高石ともやの「受験生ブルース」とか、高田渡の「自衛隊へ入ろう」とかもよく歌ったよなあ。バンバンの歌ってた「いちご白書をもう一度」じゃないけど、「無精ひげと髪を伸ばして、学生集会へも時々、出かけた」けど、就職が決まって、髪をキチンと切りそろえ、スーツを着て、さっさと反体制から体制の側へと乗り移ったもんな。

当時、少し後ろめたい気がしたけど、それも僕に良心があるからこそと自己弁護的に、自分にいい風に解釈してたよ。でも団塊世代の連中のなかには、そんな風な思いで学生時代から社会人への移行期を過ごした連中が多いと思うよ。そして、結局、長らく企業社会にどっぷり浸かって生きてきたけど、ふっと我に返った時、何か、自分の人生、ちょっと違ってたんじゃないかって疑問を感じてたころ、幸か不幸か、早期希望退職者募集があったので、これ幸いと企業社会からドロップアウトしたのさ。そういう意味では、僕なんか典型的な団塊世代の人間といえるかもしれない。僕の人生は、一般的、普遍的な団塊世代の人生といえるかもしれないぞ。

団塊世代の自画像（4）

大学闘争の闘士から教育界に身を転じた団塊女性の自画像は。

・F高校教員（女、一九四九年生）……一言でいって、そうね、体制拒否の世代っていいたいわね。どこかで今も、大学闘争を色んなかたちで引きずってる子が多いもの。もっとも最初から体制べッタリの子たちも多いから、一概にそんな風にはいえないことは分かってるけど。当時の女子学生で、私たちみたいに中高の教師になってる子たちって、体制に組み込まれたくないとか、職場環境に男女平等を求めるとか、生徒にとっての理想的な教育環境を創造していくとかいった主体的な思考をもって教員採用試験に挑戦した子たちが多いのよ。「でもしか先生」なんて、とんでもないのは一人もいないわ。

だから石原慎太郎の反動都政の下で、都教育委員会が、卒業式で君が代を歌ったり、日の丸に敬意を表することを教員に強制するのに対して、訴訟を起こしたり、一審勝訴を勝ち取ったりした原動力の一端を担ってるのも団塊世代の女なのよ。

むしろ、男の子の方が、軟弱で、体制に取り込まれてしまったりしてるのも多いわね。学生時代には、一丁前に全共闘の闘士面してた子が、卒業したら、「そんなの知らないよ。変な過去をほじくり出すのは止めてくれ」って感じで、遠ざかって行っちゃったもん。

私たちみたいな団塊世代の女は、体制変革の闘争に参加して、そのなかでも男性優位を見ちゃってるし、体制側だけじゃなくて、反体制側にも蔓延《はびこ》る男性中心社会に絶望して、ウィメンズ・リベレイション（日本でいうところのウーマン・リブすなわち女性解放「運動」……筆者注）にも接近した経緯もあるから、二重の意味で体制拒否の世代っていえるかも。

今でも、資本主義的搾取《さくしゅ》からの解放と男性の抑圧からの解放を求めてるようなところがあるわよ。そういう私たちの志向は、良きに付け悪しきに付け、間違いなく団塊世代が歩んだ時代状況のなかで形成されてきたものだと思うわ。

団塊世代の自画像（5）

東大闘争の渦中にありながら、それからは距離を置き、ノンセクト・リベラルを自称し、後、大学人としてエリート街道を歩んだ団塊男性の自画像は。

・G大学理事（男、一九四七年生）……団塊世代のイメージというと、どうしてもそこに自分を重ね合わせてしまいますが、なるべく一般的に考えます。まず、数が多い、学歴が高い、お金がある、元気がある世代といえます。我々が、行くところ、新しい価値観が作られていったという経緯からしても、団塊世代の数の力は、他のどの世代も侮《あなど》れないのではないでしょうか。かといって、我々は、数を頼むようなけちくさい世代ではないですね。

個として、堂々と全体に立ち向かう主体性を持っているのが多いですよ。まだまだ社会の中心を担う力のある世代です。若い世代が、団塊世代は数が多いから養うのが大変なんていってますが、とんでもない了見違いです。条件さえ設定されれば、逆に若い世代を養ってやれますよ。お望みならばね。我々の世代は、年取ったら史上最強の高齢世代になりますよ。並の老人扱いするなっていいたいですね。数が多くて大変、大変といわれながら、人生の試練をちゃんと乗り越えてきた世代ですから、精神的にも肉体的にも強靱です。
一般的に、高齢者が最終的に寝付いてから亡くなるまでの期間は、三ヵ月以内が七〇％強です。一年以上寝付いて亡くなる人は八％程度ですが、免疫力が強靱な我々の世代では、この数字はもっと下がるでしょう。もちろん、個々をみれば、弱々しいのも、主体性を欠落させたようなのもいないことはないですが、全体的に見ると、極めて強い世代ですね。上のいうことなんか、まともに聞くものかというような反骨心の塊のような人たちが多いから、団塊っていうんじゃないでしょうかね。

団塊世代の自画像(6)

教育学者の道を歩んだ団塊男性の自画像は。

・H大学教授（男、一九四八年生）……団塊世代は、期待された世代ですよ。我々、団塊世代の親たちって、みな例外なく戦前生まれで戦前の教育を受けた世代ですよね。ですから、敗戦を契機にして、コロッと変わった社会の体制や価値観や教育のあり方等々に戸惑いながらも、それらをしなやかに受容した世代です。元々、大正期の自由主義的な教育や民本主義の影響を受けている人も少なくない世代ですからね。
そんなところから、戦後民主主義の風潮が顕在化してくるなかで、生を受けた我々に期待するところは大きかったわけですよ。我々が教えを受けた小中高の先生たちだって、大正期の自由主義的な教育の申し子みたいな人たちが多かったし、彼らも戦前の暗黒時代の軍国教育のおぞましさを体験しているだけに、自分たちの受けた大正期の教育の良い面を我々に受け継がせたいという願望を持ってました。そもそも大正デモクラシー下の自由主義的な教育の伝統があったからこそ、戦後民主主義下の教育がありえたのです。アメリカによる占領支配下のGHQ民生部の力だけで、戦後民主主義教育が出現したわけでは毛頭ありませんからね。戦後民主主義下で、次の時代の担い手として、親や教師たちの期待を一身に担ったのが団塊世代だったということです。この団塊の世代を把握しようとしたら、その親の世代をきちんと知ることも必要でしょうね。団塊世代の親の世代は、戦争の悲惨さを身を以て体験しているだけに、割合にリベラルな考えの人が多いですから、当然、団塊世代もその影響を受けていると思いますね。そういう素地があったからこそ、団塊世代は、大学闘争や市民運動なんかに主体的に参加できたんですよ。

団塊世代の自画像(7)

さまざまな立場の団塊女性たちの自画像は。

・Iパートタイマー(女、一九四九年生)……学歴社会の申し子。受験戦争の申し子。競争が激しかった時代の申し子。その前の世代ともその後の世代とも厳別できる、かなり特徴的な世代。数が多いだけに、競争心が旺盛で、それだけに自分勝手、わがままな人が多い世代のように思える。自分自身、団塊世代だけど、あまりいい世代とは思ってない。

・J美術館学芸員（女、一九四八年生）……団塊世代のイメージっていわれたら、まず昭和三〇年代の「すし詰め教室」が思い浮かびます。戦争に負けて、兵士が内地に帰還して、それまでいびつなかたちで処理されてた性欲が、夫婦という男女のもとに戻ってきて、その結果、大量の子どもが生産されたわけでしょ。そのお陰で私たちは「すし詰め教室」、常に過当競争。あんまり有り難くないわね。数が多い分、分け前も少なくなるし、負け犬も多くなるし、ろくでもない世代だわ。

・K元工員（女、一九四七年生）……団塊世代のイメージいわれたかて、そんなんピンとはこうへんわ。何やしらん、団塊世代いうたら、インテリみたいに思われてるみたいやけど、私ら中卒で下積み生活してきた人間やろ。そんなん関係ないし。「金の卵」やらいわれて、もてはやされて、こき使われただけやんか。なんもおもろいことあらへん。まじめに生きてきただけやわ。

・L専業主婦（女、一九四七年生）……Kさんと同じやわ。団塊の世代いうて、世間の人が思うたはるのんは、大卒のサラリーマンとちゃうやろか（違うだろうか……筆者注）。そんな人ら、私らとは無縁の人やわ。私ら、うちの人も私も中卒で、汗水垂らして働きまくってきただけやしなあ。年代的にはたしかに団塊の世代に属するんやろけど、そんな実感、てんであらへんわ。これからの団塊世代の老後はバラ色やら、エラい人らがよういうたはるけど、ほんまやろか。バラ色の老後やら黄金の老後なんて、私らとは関係ない感じやわ。

・M福祉施設管理者（女、一九四九年生）……団塊世代のイメージといえば、ニューレフト、大学闘争、ウーマン・リブ、フリーセックスですかね。でも、ニューレフトとしては、労働現場を知らなかったという限界、やってはいけないことはしないということを認識しえなかったという限界等、限界がいっぱいあったのが団塊世代のニューレフトです。フリーセックスに関しては、これをうまく男に利用されて「結婚まで純潔を守る、処女でいるなんて、体制に取り込まれた旧態依然たる遅れた女」とかどわかされて、バリケードのなかで男と性的交渉を持ち、妊娠してしまって中絶した団塊世代の女も多かったんですよ。

だからこそ榎美沙子の「中ピ連」（＝「中絶禁止法に反対しピル解禁を要求する女性解放連合」の略称。薬学の知識をもつ榎美沙子〈一九四五年生〉が女性の権利の拡大を唱えて一九七二年に結成し、代表を務めた。当初は、ピンクのヘルメット姿と戦闘的な言動が世間の耳目を引いた）なんかも、一定の支持を受けたんじゃないでしょうか。

団塊世代とは何だったのか

団塊世代とは、どういう世代なのか(1)

以上、かなり詳しく、包括的に各世代の団塊世代観および代表的な個々の団塊世代論、そして団塊世代の自画像を見てきた。

既述のように、団塊世代に関する見方やイメージは、団塊世代以外の世代ごとにかなり類型化できる。そして、各世代が、それぞれに団塊世代とどのように向き合っているかといえば、一にかかって団塊世代との経済的関わりをベースにしていることが判明した。歴史が変わる原動力は経済であること、歴史転回の基礎は下部構造にあること等々は、このようなところにも明確に貫徹、発現しているといえよう。

繰り返しの煩は避けるが、畢竟《ひっきょう》、社会の中核として働く団塊世代から経済的な恩恵を被ってきた世代は、団塊世代に好意的見解、良いイメージを持っているのに対して、社会から退場していく団塊世代の存在が自らの経済的安定や豊かさを脅かすという認識を持っている世代は、団塊世代に悪意とまではいわないまでも、極めて好意的ではない見解、負のイメージを持っているのである。

しかも、いずれの場合も、団塊世代の数の多さが決定的に関与している。この数の多さゆえに、重宝がられたり、厄介視されたりする因果な世代、これが団塊世代なのである。団塊世代を考える際のキーワードの第一は、「数の多さ」「多数であること」に尽きるといえよう。

団塊世代とは、どういう世代なのか(2)

自己のイメージと重なるのだから、当然といえば当然だが、当の団塊世代の自らの世代に関する見解・イメージは拡散的である。大学闘争世代、全共闘世代といったイメージを前面に持ちだしてくる向きも少なくなかった。それは、それとして事実の一端ではあろう。関連して、主体性、自己批判、反体制、不条理、造反有理、ニューレフト、ウーマン・リブ等々も、同世代の人々の口をついて、よくでてくる語彙だった。

これらの語彙が、この世代にとってはよく馴染んだ語彙で、他世代には馴染みの薄い語彙であるとするなら、それこそ、どれだけ主体的に大学闘争に関わったか、反体制的な運動に関わったかは別として、これらの語彙もやはり、団塊世代を語る場合には避けて通れないキーワードになろう。

「怒りの世代」というのも団塊世代を語る際によく出てくる語彙だ。これは、大学闘争に限らず、諸々のかたちで現体制を批判し、その変革を志向した人々が多かったことに由来する。初期のカレッジ・フォークも体制批判、現状打破を歌っていた。歌で「怒り」をぶつけ、世間にアピールした。その代表格が岡林信康であり、高田渡だった。大学闘争は、一九六九年、東大の安田講堂陥落を象徴的な契機として、やがて一九七〇年代に入り、徐々に圧倒的な体制側の力の前に終息に向かう。その後、闘争に敗れ、疲れ、挫折した人々は、かぐや姫の「神田川」「妹よ」等に象徴されるような「優しさの世代」へと傾斜していった。

こうした脈絡から、団塊世代は、「怒りの世代」でもあり、「優しさの世代」ともいえ、これらもまた、団塊世代を語るうえでのキーワードとなろう。

ただし、こうした団塊世代を語る際のキーワードは、大学生活を経験した団塊世代にのみ通用するものにすぎないのかもしれない。

団塊世代とは、どういう世代なのか（3）

いみじくも、前節の「団塊世代の自画像（7）」で、KさんやLさんが述べているように、巷間に流布している一般的な団塊世代のイメージは、団塊世代のうちの一部にすぎない、ある程度のインテリ、大卒のサラリーマンというかたちに集約されているのかもしれない。

そこからは、多くの中卒の団塊世代男女等が排除されていたのだ。これは、これまでの団塊世代論においても欠落していた部分であった。

先に指摘した「数の多さ」「多数であること」は、たしかに団塊世代の一大特徴であり、それゆえに常に世間の注目を浴びてきたのであるから、団塊世代を語る際のキーワードの一つとしなければならないが、その多数の内容の分析が成されないままに「数の多さ」「多数であること」が一人歩きしていた恨みなしとしない。

であるからこそ、KさんやLさんのような指摘は極めて貴重といえよう。

とはいえ、私は、やはりアイデアル・タイプ（理念型）としての団塊世代を特徴づけようとする場合の主潮流の一つを、以下のような存在として規定しておきたい。これまた、KさんやLさんには、厳しく批判されるかもしれないけれども。

それは、大学闘争と微弱ではあっても何らかの関わりを持ちながら——たとえ、それがノンポリというかたちであったとしても——、卒業後は、何事もなかったかのように企業社会に取り込まれ、結構まじめに懸命に働き、中間管理職になり、ある程度、経済的な豊かさも享受し、しかし、どこかで屈折した意識も持ち合わせながら働き続け、油の乗りきったころには、人的リストラの憂き目に遭遇し、それを乗り越えたと思ったらほどなく定年を迎え、老境に入っていこうとしている、多数であるがゆえに集団として可視性の高い人々の一群といった存在である。

私は、こうした存在を団塊世代の一典型として提起した上で、以下の叙述に筆を進めようと思う。そこではKさんやLさんのような存在は捨象される。

そのことへの弁解の意味も込めて、多種多様な団塊世代の一員として、彼女たちにも登場してもらったのだ。しかし、以下の叙述における彼女らの存在の捨象は、団塊世代論を語る上での支障とはならない。なぜなら、KさんやLさんらのような存在は、彼女たち自らも述べているように、けっして典型的な団塊世代ではないからだ。あえていうなら、彼女たちは、私がアイデアル・タイプの団塊世代として提起した存在より、ずっと堅実な、地に足を付けた、世代を超えた一般的・普遍的な生活者といえよう。一般的・普遍的存在をもって、個別的・特殊的な世代を語ることはできないのである。

団塊世代の時代背景（1）

敗戦・復員あるいは団塊世代出生の頃

敗戦そして引き揚げ

一九四五年（昭和二〇）八月一五日。この日は、紛れもなく日本人民にとってては期を画する日であった。敗戦、無条件降伏というかたちではあったが、日本人民が、一五年に及ぶ戦争状態からようやく解放された日だった。

その前日、日本はポツダム宣言の全面受諾を決定したのだった。

暗い長い戦争の日々、人々は、大東亜共栄圏建設という美名のもと、巨大な帝国を構築し、東洋の盟主たらんと欲する軍部や軍国主義政治家に駆り出され、それぞれがさまざまなかたちで直接間接に侵略戦争に加担させられていた。

朝鮮半島全域を植民地化し、中国東北部に傀儡《かいらい》国家「満洲国」を作り、東南アジア諸国を侵略し、多大な損害を与えた果てに、アメリカ合衆国を中心とした連合国側に完膚《かんぷな》無きまでに徹底的に叩きのめされ、それでも国体護持《こくたいごじ》のために降伏を決断できず、ついには地上戦を余儀なくされて、沖縄の人々を犠牲にした。さらには本土空襲で各都市は焦土と化し、多数の非戦闘員老若男女を犠牲にした。その総決算のような八月六日の広島、同八日のソ連の対日参戦、同九日長崎への原爆投下という最悪の事態の招来を受けて、漸く軍国日本は降伏を決意したのだった。

戦争開始自体が無謀であったことは自明だが、軍国日本の指導者たちは戦争を終わらせることに関しても無為無策だった。他国を踏みにじり、自国民にも多大な犠牲者を出した挙げ句、外在的な力によって、この無謀・無為無策な国家権力が倒壊したのが八月一五日だった。

一部の極端な軍国主義者、皇国主義者、右翼の人々を除けば、多くの人々の間には虚脱感とともに奇妙な安堵感が漂い始めていた。そうしたなかで、敗戦ともなれば、当然、当時六〇〇万人強といわれた海外にいた軍関係者、官吏、民間人等が内地に引き揚げてくる。一九四五年の秋が始まるころから、その人口大移動は始まった。

一〇月一八日、博多《はかた》港に入港した朝鮮からの引き揚げ船には、甲板《かんぱん》から船倉から、船中の隅から隅まですべての場所は立錐《りっすい》の余地もないほどの引き揚げ者で満杯だった。各地からの引き揚げ船しかり、内地の各地方へ向かう復員列車またしかりだった。引き揚げに伴う苦難は、藤原ていの著作『流れる星は生きている』等から、その一端を窺い知ることができる。

私の伯母も、奉天《ほうてん》（現在の中国瀋陽市）に駐屯していた陸軍少佐の夫がシベリアに移送、抑留されていくなかを、必死の覚悟で丸坊主になり襤褸《ぼろ》をまとって、生後三ヵ月の赤子を背負って、満洲から朝鮮半島経由で、日本に戻ってきた。その間に、朝鮮の霊峰白頭山《バイトウサン》麓で、彼女は生まれたばかりの愛児の死を体験しなければならなかった。

やがて、その伯母は、二年余の長きにわたるシベリア抑留を経て帰国した伯父との間に、それこそベビーブームの申し子、団塊世代の子を授かった。

米軍による占領統治と文化人類学者ベネディクト

アメリカ合衆国および米軍は、日本の敗色が濃くなってきた頃から、日本の降伏後の占領統治について考えを巡らし始めていた。

大日本帝国陸海軍という、米軍がかつて戦ったどこの国の軍隊とも異なる行動パターンをとる軍隊は、米軍にとって不気味な存在だった。「ゴー　フォー　ブローク」（撃ちてし止まん）しかり、「バンザイ　アタック」（バンザイ突撃）しかり、「シュイサイド・プレーン」（特攻機）しかり、行動パターンが読めなかったからである。

プラクティカルにして、プラグマティックな思考の米軍は、そこで文化人類学者に日本文化の型や日本人の行動様式の研究を依頼する。白羽の矢が立ったのがフランツ・ボアズ麾下《きか》の俊秀、ルース・ベネディクトだった。戦争さなかのこととて、文化人類学研究にとっては必須の現地（この場合、日本）でのフィールド・ワークができない。やむを得ず、ベネディクトは米国内に住む日系人や日本軍の捕虜を対象として日本研究に取り組んだのだった。

その成果が、日本論、日本人論の嚆矢《こうし》の名をほしいままにする、かの不朽の名著『菊と刀―日本文化の型―』として結実する。

日本社会の民主化や戦争責任との関連で、一時は廃止が現実のものとなりそうになった天皇制が存続することになったり、GHQの直接統治ではなく、その傘下に傀儡《かいらい》的な日本政府を置き、GHQの指令を忠実に実行させる間接統治のようなかたちが採られることになった背景には、このベネディクトの研究の成果が反映しているとみるべきであろう。

かの有名な九月二七日の米国大使館におけるダグラス・マッカーサー元帥と昭和天皇とのツーショット写真も、ベネディクトの日本研究の成果の反映ではないかと私は考えている。偶然にしては、戦勝国アメリカ合衆国と敗戦国日本の立場の違い、力関係があまりにもシンボリックに巧妙に写し出されているからだ。

マッカーサーと天皇の写真

皇国主義教育のもと、天皇への忠誠・服従を頭に徹底的にたたき込まれていた戦前・戦中の日本人に対して、天皇を廃してカオスの状態に追い込んだり、反発されたりするくらいなら、その天皇の権威を占領統治に利用しようということで、直立不動の現人神たる天皇の横に傲岸《ごうがん》な態度のマッカーサーを配して撮った写真は、まさにマッカーサーを天皇の上位の神とする、彼の神格化のセレモニーの記念写真だったといえよう。少なくとも、多くの日本人に、これから自分たちを実効的に支配する、天皇より上位に存在する人物を顕在化させる効果は絶大だった。

その効果たるや、一ヵ月前の八月三〇日、勝者の余裕を漂わせながら「アイ　シャル　リターン」（日本軍に敗れて、フィリピンを撤退する際の言葉）を現実のものとしたマッカーサーが、悠然と厚木飛行場に降り立った時の写真の比ではなかった。

個人であれ、国家であれ、「各々、其ノ所ヲ得」ることによって社会の、はたまた国際社会の安寧秩序が保てると考える日本人（ベネディクト『菊と刀』）であってみれば、日本においてマッカーサーに所を得さしめる（天皇の上位の置く）ことは、日本人をマッカーサーの威令に服従せしめることを容易にする効果的な占領統治の手法だったといえよう。

図2　マッカーサーと天皇の写真

米軍による日本の占領統治が、日本人との関係において比較的良好に推移した（あくまでイラク戦争後の米軍等によるイラク占領統治などと比較すればということにすぎないが）とするなら、ベネディクトの研究は大いに、その事実に貢献しているといわざるを得まい。

しかし、ＧＨＱが日本の民主化を標榜しながら、その実、占領統治において、旧体制を利用し、その上に立って統治を進めたことは、取りも直さず民主化は極めて中途半端なところで終わってしまったことを意味する。とするなら、アメリカ合衆国および米軍が、日本文化、日本人の民族性をかなり的確に理解しながら、占領統治を実施したことは、日本の本質的な民主化にとってはマイナス要因となったと言わざるをえない。

食糧難のなかのベビーブーム

こうした、敗戦、他国による占領統治という未曾有の体験のなかで、戦中には鬼畜米英と罵《ののし》っていた旧敵国側に擦り寄り、自らの権力・財力を温存することを画策し、そのために狂奔していた支配層の人々とは異なり、その日その日、口を糊《のり》する食料にも事欠いた人々は、生きるために日々、必死の思いでやりくりしていかなければならなかった。

焼け跡にヤミ市が雨後の竹の子のごとく立ち始め、満員の買い出し列車が運行されるようになる。謹厳実直で鳴らした私の祖父などは、「ヤミ市のような非合法な所で食料を調達するような情けない真似はしてはいけないよ」と祖母に話していた。困った祖母は、祖父に内緒で、こっそり、京都中にも林立していたヤミ市の一つ、出町橋西詰の大ヤミ市場で白米、さつまいも、じゃがいも等を買って、何とか家族の飢えをしのいだと述懐している（この辺り詳しくは拙著『ある「大正」の精神』〈一九八二年、吉川弘文館〉を参照されたい）。

その頃、所謂《いわゆる》、結婚適齢期、出産適齢期を迎えていた私の母なども、娘時代に両親から買ってもらって大切にしていた着物等々を持っては農家を訪れ、わずかな米や野菜と交換してもらっていた。知り合いの農家でも査定は厳しかった。ヤミ市で食料を調達するのも彼女の役割だった。そうでもしなければ、やがて家族揃って栄養失調そして餓死ということになりかねなかったからである。

現に、法の番人が自ら法を犯すようなことはできないとして、清廉にも配給食料だけの生活を貫いていた東京地裁の山口良忠裁判官は、餓死的な死を遂げている。それは、一九四七年（昭和二二）、団塊の世代が続々と生まれていた時期に起きた悲劇だった。

その前年一九四六年五月一九日には、なけなしの主食すら遅配に次ぐ遅配、時には欠配という事態を受け、東京では、二十数万人の参加をえて、「米よこせ」運動の集大成的な食糧デモ＝食糧メーデーが繰り広げられていた。一九四七年一〇月には、改正刑法公布により廃されることになる不敬罪が忽然と登場したきっかけとして有名なプラカード事件を惹起《じゃっき》した「詔書　国体はゴジされたぞ　朕はタラフク食ってるぞ　ナンジ人民飢えて死ね　ギョメイギョジ」との文面が人々の耳目を引いた。

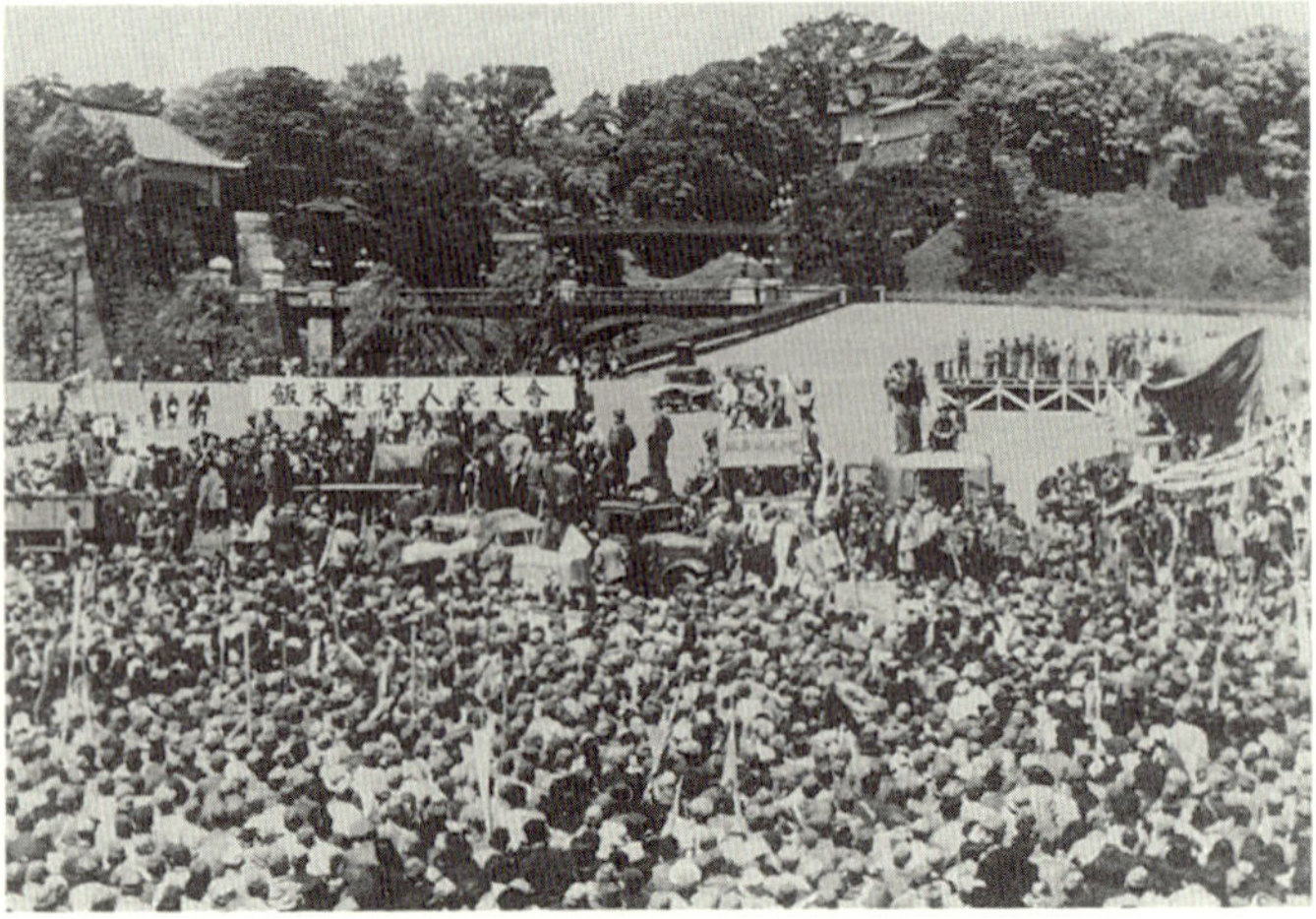

図3　食糧メーデー

こうした事態に的確に対処する術も知恵も物量もなかった日本の支配層に対して、ＧＨＱの反応は迅速だった。即座に、輸入食料の放出を決定するなどの対策を講じて、実行に移し、人々の空腹と不平不満を多少なりとも和らげたのだった。

しかし、それは日本人民の食糧難を救う意図のもとになされたというよりは、事態を放置すれば、日本に民主主義的な人民戦線が強固に結成され、旧支配層が一掃され、うっかりすると、共産主義革命すら起こりかねないという危機感に基づく措置だった。

マッカーサーは、翌二〇日には、この食糧メーデーのような大衆運動を暴力的な行為と決めつけ、断じて容認しない旨、言明したのである。

団塊の世代は、このような、庶民は日々の食料すら満足に手に入らないような貧しい、ひもじい、危機的な状況のなかで産声を上げている。

前章の「団塊世代の自画像（7）」で取り上げたJさんの説を、ここで少々、思い出していただきたい。

団塊出生秘話

ポツダム宣言受諾の後、外地から内地から、国家に召集され赤紙一枚で兵士に仕立て上げられながら生きながらえた若者たちは、引き揚げ船で、復員列車で、陸続と故郷へ、家族、妻のもとへと戻っていった。これは、ポツダム宣言第九条に基づく帰結だった。そこには、「日本国軍隊は、完全に武装を解除せられたる後、各自の家庭に復帰し、平和的かつ生産的の生活を営むの機会を得しめらるべし」（外務省編『終戦史録』一九五二年刊）とあったのだ。

私は、このポツダム宣言第九条こそ、団塊世代生みの親だったと考えている。この宣言の起草者が意識していたか、いなかったかは別として、この規定は、長らく性行為に関しては禁欲的な生活を強いられていた人たち、あるいはJさんの説ではないが、内外の女性（たとえば従軍慰安婦、売春婦等）の犠牲のもと、「いびつなかたち（金銭が介入した不特定多数の男女の交わり、権力や暴力による女性への性行為の強要等々）」で性欲を処理していた人たち、また戦場付近で強姦していた人たちを、国家公認の性行為ができる家庭へ帰す原点となったのであるから。

夫婦という合法的な男女関係のところへ性が戻ってきたのだ。

食欲は満たされない、知識欲も満たされない、勤労意欲も満たされない、そんな状況のなかで、唯一、満たされる可能性が出てきたのが、長らく抑制されてきた性欲だった。とするなら、「各自の家庭に復帰し、平和的かつ生産的の生活を営む機会」を得た若者たちが、夫婦相和して房事に励んだとしても何ら不思議ではない。結果として、自らの種の大いなる拡大再生産が成されることとなったのだ。現実に、その閨房《けいぼう》での歓びを率直に語ってくれた元出征兵士や士官の方々は少なくない。

一例を挙げておこう。さる帝国大学工学部出身で海軍技術将校として徴用されていたYさんは、無事、郷里に復員して、久々に妻と枕をともにした時の感激を、次のように明快にあけすけに語ってくれた。「いやあ、あれ（性行為のこと……筆者注）が、こんなに気持ちええもんやったんかー思うて、嬉しいてしゃあなかったもんや。わし、生きてるんやあとしみじみ感じたで。あれやれるだけでも、生きて帰ってきたかいがあったもんや思うてなあ。それからは、もう毎晩毎晩、欠かさずやりまくったもんや。カアちゃんも求めてきよったし、歓びよったしな」。

かくして、めでたくYさん夫妻は、二人の団塊世代の子の親となった。Yさん夫婦のような歓びを感じながら、その時、自ら蒔いた種の結果として、幾人かの子どもをもうける夫婦は、当時、そこここに溢れていた。こうした状況、こうした（Yさんのような）率直な感懐のもとで、ベビーブーマー＝後日、団塊の世代と称されることになる赤子が量産されることになったのだった。

この辺りの記述は、結論部分とも関わってくるので、若干、記憶に留めておいていただきたい。

占領期あるいは団塊世代の幼年時代

アメリカン・デモクラシーと占領統治

日本の敗戦に伴って、日本に乗り込んできた――日本国内では「進駐軍」という名に化けた――占領軍等が主体となって、連合国軍最高司令官総司令部つまりＧＨＱが構成された。連合国云々とはいえ、ダグラス・マッカーサー元帥が総司令官であったことに象徴されるように、この組織はほとんどアメリカ合衆国、米軍管轄下にあったといってもけっして過言ではない。ＧＨＱの民政部には、Ｆ・ルーズベルト米大統領のもと、ニュー・ディール政策実現に燃えた有能なリベラリストが少なからず在籍していた。彼らのなかには、アメリカ合衆国では果たせなかった夢を、日本で実現させようと意気込んでいた向きもあり、彼らの提言などをもとに、日本の民主主義的な改革がなされようとしていた。

今日でもそうだが、アメリカ合衆国官民には、アメリカン・デモクラシー（なるもの）こそ、最高の価値であり、至高の理念であるから、それをあまねく世界の《遅れた》国々にも行きわたらせることは、アメリカ合衆国のマニフェスト・デスティニー（明白な運命―米国の西部開拓を神の意思による当然の運命とする考え方を示す標語）の続編であるというような傲慢な思考が伏在していて、それがことあるごとに顕在化する。

二〇〇三年三月、アメリカ合衆国が、大量破壊兵器の隠蔽《いんぺい》という事実無根だった事柄を口実にして、イラクに戦争を仕掛け、圧倒的な武力で同国を撃破し、占領した際にも、アラブの民の思考様式やイスラム文化を無視して、アメリカン・デモクラシー（なるもの）を同国に押しつけようとするような動きが顕在化した。かの偉大なメソポタミア文明発祥の地の民、強大を誇ったイスラム帝国の中心地の民のプライドと反欧米意識は高く、近代以降、欧米の帝国主義的侵略によって、国土を踏みにじられ続けたことへの恨みは深い。

そうしたイラクの人々が、そう易々とアメリカ合衆国のいいなりになるわけもなく、困惑したジョージ・ブッシュJr.政権は、早々に占領状態を解き、再独立させるという無責任極まりない対応をしたため、いまだにイラク情勢は混迷の極みのままである。二〇〇六年一二月末におけるリンチまがいのサダム・フセイン前イラク大統領処刑により、イラクにおけるシーア派とスンニ派との宗派対立は決定的になってしまった。

さらには、アラブの民の反キリスト教意識には、我々の想像を絶するものがある。ハンチントンの『文明の衝突』ではないが、イスラム教文明とキリスト教文明との衝突は、両宗教が成立して以降、果てしなく繰り広げられてきており、おいそれと本質的な和解、相互理解に至るとは思われない。

ところが、幸か不幸か、世界文明史的な観点から見て、けっして中心的存在となったことはなく、常に周縁的な存在にすぎなかった日本（この点に関しては、後述する）は、第二次世界大戦後、比較的、唯々諾々とアメリカ合衆国、米軍に従うことになる。

戦後における日本民主化の限界

アメリカン・デモクラシーを至高の価値・理念として怪しまないアメリカ人が、前述のように、しっかりと予習をした上で、中心的存在の文化文明を摂取することには何らの痛痒《つうよう》を感じず抵抗感も持たない日本人の国を占領支配し、そこをアメリカナイズしようというのであるから、それは比較的、容易なことであった。

アメリカ合衆国による、二一世紀初頭におけるイラクに対する占領統治が大失敗だったとするなら、二〇世紀半ばにおける日本に対する占領統治は大成功だったといえよう。今日に至るまで、日本を属国とまではいわないにしても、従順な劣位の同盟国の立場に置き続けているのであるから。

ともかく戦後日本の歴史は、良きにつけ悪しきにつけ、アメリカ合衆国の多大な影響のもとで展開する。占領後、日本の軍事力という牙を抜き取り、日本にアメリカン・デモクラシーを根付かせるため、日本を非軍事化、民主化する施策が、矢継ぎ早に発されていく。

GHQは、早くも一九四五年一〇月四日には、治安維持法の廃止、政治犯の釈放を指令し、その一週間後の一一日には、マッカーサーが幣原喜重郎《しではらきじゅうろう》首相にいわゆる五大改革の実施を指令している。それは、(1)女性の解放、(2)労働者の団結権の保障、(3)教育の自由化、(4)圧政・専制の排除、(5)経済の民主化、の五点であった。以降、しばらくの間、GHQは、この線に沿って日本の改革を進めていく。五大改革は、自ずから日本に憲法改正を求めるものでもあった。その後、GHQは、同年一一月には財閥解体指令、一二月には農地改革指令等、根幹的な改革指令を続々と発していった。

翌四六年一月早々には、天皇が人間宣言を行い、GHQは、軍国主義者の公職追放を指令した。同月には、民主主義科学者協会が設立されたり、中国、延安《イエンアン》から帰国した野坂《のさか》参三《さんぞう》を歓迎する国民大会が多数を集めて開催されるなど、日本は着実に民主化の道を歩み始めたかにみえた。

しかし、前述のような四六年五月に起きた首都での大規模な食糧メーデー等を契機として、早くもGHQによる日本の民主化路線には翳《かげ》りが出てくる。GHQ、その背後にあるアメリカ合衆国政府は、日本の民主化の行きすぎ、さらには共産化を恐れつつあったのだ。一九四七年一月に全官公労が二・一ゼネストを宣言したのに対し、GHQは、その前日、ゼネストの中止を指令した。これは、たった半年前にGHQが、日本政府に実施を指令した五大改革の（2）労働者の団結権の保障、労働組合結成の促進という項目とは全く矛盾する対応だった。

絶対権力の命令には屈するより他はなかった。日本の労働者の間には、一気にGHQへの失望感が拡がっていった。GHQによる日本の民主化に明らかな限界が見え始めたのだった。

限界のなかでの歴史転回（1）

このような限界のなかでも、紆余《うよ》曲折《きょくせつ》を経て一九四六年一一月三日には、明治欽定憲法とは大きく異なる、かなり民主的な日本国憲法が公布され、それは翌四七年五月三日から施行された。改正憲法は、国民主権、基本的人権の尊重、戦争放棄を三つの柱としていた。このころから、続々と生まれ始めた団塊世代の少年少女たちは、後々、小学校や中学校へ進むと、学校の社会科の先生方が、誇らしげに、この憲法、そしてその三つの柱について語ってくれるのを、耳にすることになる。

同じころには、戦前教育の根幹を成していた教育勅語は廃された。代わって教育基本法、学校教育法が公布され、それに伴って、義務教育期間が延長され、六・三・三・四制のもと、戦後における民主主義的な教育が開始されることとなった。

四七年六月には、日教組（日本教職員組合）も発足した。二度と再び、「教え子を戦場に送るな」という日教組のスローガンは、戦争の惨禍を目の当たりにした人々に強くアピールし、支持された。

同年七月には、ＧＨＱは、三菱商事や三井物産の解体指令を発している。財閥解体も軌道に乗るかに思われた。が、それも東西冷戦構造の出来《しゅったい》や朝鮮戦争の勃発によって、日本を、完全にアメリカ合衆国の世界戦略に組み込み、「反共の防壁」にする意図のもと、日本経済の復活・強化を目論む同国政府およびＧＨＱの方針転換により、極めて中途半端な段階で終わってしまった。

結局、戦後復興、朝鮮特需、高度経済成長の時期を経て、もとのままのかたちでこそないけれども、財閥的な存在は見事に復活してくるのだった。

同年一〇月には、前年、すでに「天皇を裁くことはせず」と述べていた、極東国際軍事裁判に関わるキーナン検事が「天皇や財界には戦争責任は存せず」と明言した。日本国憲法において、天皇が日本国および日本国民統合の象徴とされたことや、このキーナン発言あたりから、戦争責任に関する天皇の免責、天皇制のかたちをかえての存続が自明の前提のように人々に受け取られるようになっていった。

限界のなかでの歴史転回（2）

一九四七年一二月には、改正民法が公布され、女性を「家」に縛り付ける役割を果たしていた家族制度が廃止され、同月中には強大な権力を握っていた内務省も解体された。

一九四八年に入るやいな、ロイヤル米陸軍長官は「日本は全体主義に対する防壁である」と言明する。それと軌を一にするかのように、このころからGHQは、日本における大規模デモ計画に対して中止指令を連発したり、公務員の争議禁止を主張するようになってきた。日本を「反共の防壁」とするには、その壁があまり「赤がかっている」とまずいというアメリカ合衆国政府、米軍の思惑は見え見えだった。

図4　極東国際軍事裁判

同年一一月一二日には、極東国際軍事裁判の判決が下り、東条英機《とうじょうひでき》以下、七名の絞首刑などが決まり、一二月二三日には東条らは刑に処せられた。が、他方では、翌二四日には東条内閣で商工大臣の要職にあった岸信介《きしのぶすけ》ほかのA級戦犯容疑者が釈放されている。その後、岸は極めて親米的な首相となり、一九六〇年の日米安保条約改定の立役者になっている。よくできた話といえよう。もちろん、米軍の二度にわたる原爆投下、無差別爆撃などは裁かれるはずもなかった。

一九四九年五月には、商工省が廃止され通産省が置かれた。高度経済成長を担う日本株式会社の官側の司令塔の設置がここに成ったといえよう。

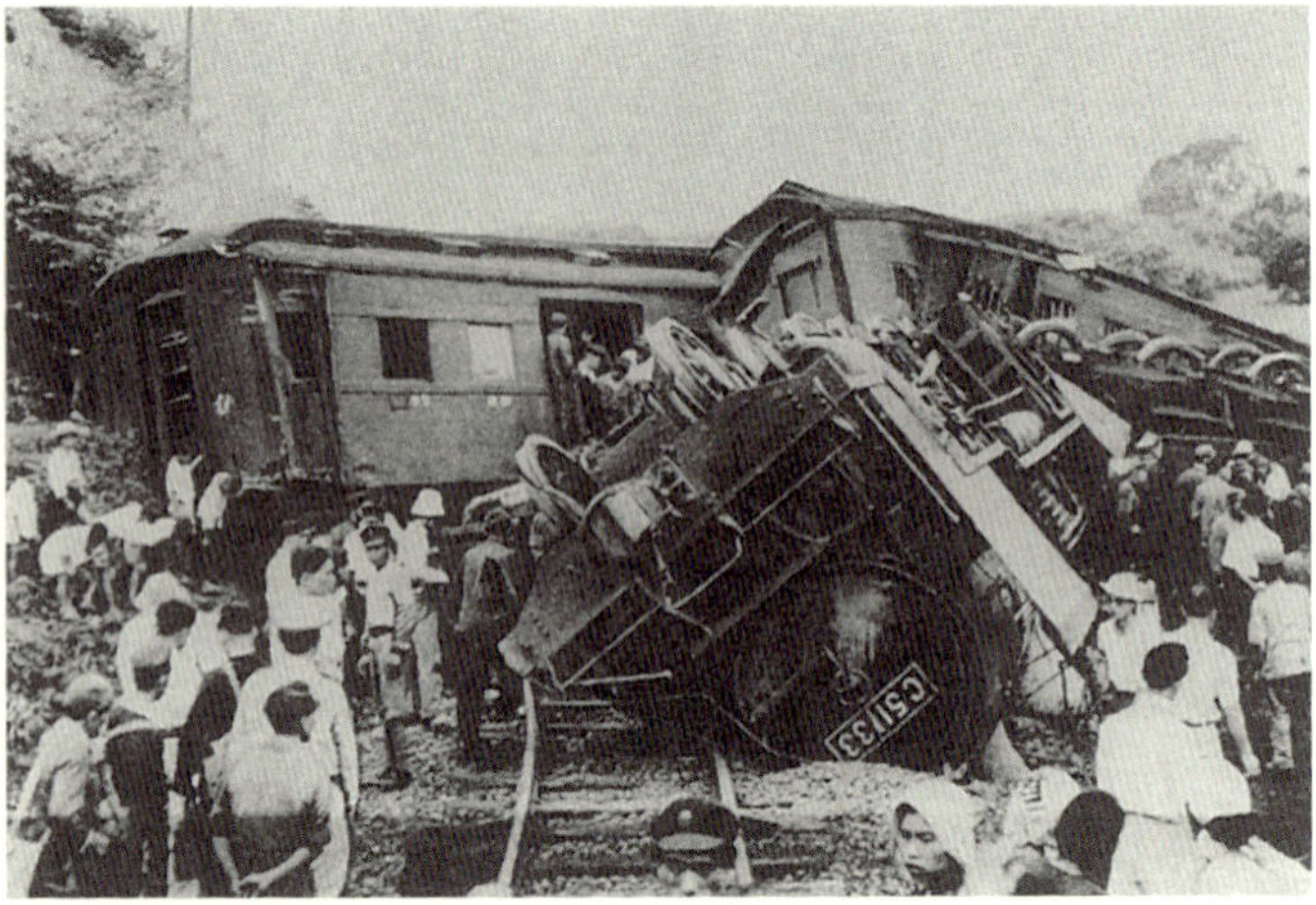

図5　松川事件

この年あたりからは、大学教授等に対するレッドパージが日程に上ってきた。そして、同年夏には、下山事件、三鷹事件、松川事件（上から順に、下山定則国鉄総裁の轢《れき》死《し》事件。東京・三鷹駅構内における電車暴走事件。福島・松川駅近辺における列車の転覆事件。いずれも真相不明。ただ、これらの事件は、国鉄の労働組合や左翼に対する弾圧や抑制に大いに活用されたことだけは、厳然たる事実である）といった奇怪な大事件が頻発している。世相はけっして明るくなかった。

そんな折り、同年一一月、京都大学教授の湯川秀樹博士がノーベル物理学賞を受賞し、暗い世相の一隅に明かりを灯した。団塊世代末期およびその直後の世代に、「秀樹」氏および「〇樹」氏が多い所以《ゆえん》である。私の周辺にも、秀樹君はもちろんのこと、直樹君、俊樹君、一樹君、和樹君、秀雄君、秀子ちゃん等々、湯川博士にあやかろうとしたであろう親の期待を一身に集めた子どもたちが沢山いた。

同じころ、中国大陸では、国民党政権と対峙していた中国共産党が、圧倒的な人民の支持を受けて、中華人民共和国を成立させた。ソ連や東欧諸国はただちに、同国を承認する。この中国大陸における大きな歴史転回も、アメリカ合衆国の対日占領政策に変化をもたらす契機になった。すなわち、蔣介石《チャンジエスゥ》の国民党政権を後押ししていた同国は、もはや台湾に逃れた同政権に多くを望めなくなった分、日本を早く経済的に自立させて、ドミノ式に日本が共産化することを食い止め、自らの世界戦略上の盤石な拠点に仕立て上げる必要性に迫られたのだった。

限界のなかでの歴史転回（3）

一九五〇年に入ると、年初早々、マッカーサーは、日本の自衛権の強化に言及し、一月末に来日したブラッドレー米統合参謀本部議長は、日本、沖縄の永続的な米軍事基地化を目論む旨の発言を残して離日した。ブラッドレーらは同年六月にも来日、日本の極東における米軍事拠点化、沖縄の恒久的な軍事基地化に向けて、大きな役割を果たしている。

この年には、マッカーサーは、共産党の非合法化を図り、共産党中央委員会の解散および全メンバーの追放を指令したりする一方で、警察予備隊創設を指令したり、一万名に上る軍国主義者や軍国主義協力者の公職追放解除を容認したりしている。

GHQによって、日本国内の体制は、民主化、非軍事化より、保守勢力の復活、反共シフトが優先されていくことになった。レッドパージも各方面に及んでいった。

五〇年六月には、朝鮮戦争が勃発。ようやく日本の植民地支配から逃れられたと思った矢先、四八年に北緯三八度線を挟んで、大韓民国と朝鮮民主主義人民共和国という民族分断国家成立という悲哀を味わった朝鮮半島の人々は、今度は自らの意志とは何らの関わりもないままに、戦乱に巻き込まれてしまったのだった。

それを尻目に、旧宗主国の日本は国連軍（最高司令官はマッカーサー）という名のほとんど米軍の後方基地として、物資補給や修理の役回りを引き受け、軍事関連物資等々の受注などにより、火事場の焼け太りよろしく、日本の経済界は活況を呈するようになる。所謂、朝鮮特需の成せるわざである。

これを機に、日本経済は一気に好転することになった。その後、この戦争は米中の代理戦争のような様相を呈しながら、一進一退を繰り返した。

三年間にわたって、朝鮮人民を苦しめた朝鮮戦争は、ようやく一九五三年七月に休戦に至った。ただし、現在もまだ、休戦状態にすぎないので、分断当時の北緯三八度線が、そのまま休戦ラインになっている。

朝鮮戦争勃発後間もない五〇年九月、トルーマン米大統領は、自国の世界戦略を有利に運ぶ意図をもって、対日講和交渉の開始を指令した。

限界のなかでの歴史転回（4）

一九五一年初頭には、マッカーサーが早急な講和および日本の再軍備を主張し、一月末、アメリカ合衆国政府の講和方針説明のために日本を訪れたダレス米特使は、講和後も米軍が日本に引き続いて駐留すること、日本を集団安全保障体制に組み込むことなどを言明した。日本は否応なく、アメリカ合衆国の世界戦略のなかで極東の要として位置づけられていくことになったのだった。

また当時の吉田《よしだ》茂《しげる》を首班とする日本政府もこのような同国の方針に唯々諾々として従っていた。そうした状況は、長らく占領下の日本で最高権力者として振る舞っていたマッカーサーが、五一年四月、トルーマン大統領によって総司令官を解任されても何ら変わらなかった。

同年九月、サンフランシスコで対日講和会議が開催されたが、中国は招かれず、インドやビルマは参加せず、ソ連やチェコスロバキア等は調印を拒否した。こうしたなかで、アメリカ合衆国主導の対日講和が実現し、対日平和条約とともに、日米間のみにおいて日米安全保障条約が調印された。

ポツダム宣言の第一二条は、「……諸目的が達成せられ、日本国国民の自由に表明せる意志に従い、平和的傾向を有し、且つ責任ある政府が樹立せらるるにおいては、連合国の占領軍は直ちに日本国より撤収せらるべし」（前掲『終戦史録』）と謳《うた》っていた。が、「……日本国は、その防衛のための暫定措置として、日本国に対する武力攻撃を阻止するため日本国内及びその附近にアメリカ合衆国がその軍隊を維持することを希望する」という「日米安保条約」前文［法令全書］の文言を担保として、日本には、占領軍が駐留軍と名を変えて堂々と居座ることになった。

翌年に結ばれた日米行政協定により、日本国内には六〇〇ヵ所を超す米軍基地、軍事関連施設が置かれることになり、米軍は日本国内の騒擾、騒乱にも出動することになった。他国の日本への侵略を防止するという表向きの理由と、国内反体制派の抑圧とどちらに重きが置かれているのか疑わしいような条約だった。日満議定書に酷似しているといわれる所以《ゆえん》である。

講和を巡っては、日本国内では、全面講和を希求する運動が活発化した。当時、京都大学に勤務していた私の父も同僚や学生たちとともに全面講和論を支持していた。短期間に、四〇〇万を上回る署名が集まったが、ことは成らなかった。

このような経緯で、日本は、それこそ「いびつなかたち」ではあったが、長年にわたる占領状態から脱し、一九五二年四月、講和条約の発効に伴い、足かけ七年ぶりに国際社会の一員として遇されることになった。

このような戦後の激動のなかで生を受け、幼年時代を送り、少年時代へと差しかかっていったのが団塊世代であった。

余談だが、ごく一部の支配層・富裕層を除き、多くの国民がほとんど栄養不良のような状態のなかで生まれてきた団塊世代であるから、彼らが母親の胎内にいたころや、その幼年時代の栄養状態はあまり良くなかった。従って、体力的に脆弱な面を持ち合わせるであろう彼らが高齢に達した時の疾病や、その自立度に懸念を示す向きもある。

団塊世代には、このころに関する直接的な記憶はまだない。しかし、多くの団塊世代は、その親たちの口から、特攻、玉砕、空襲、学童疎開、敗戦、引き揚げ等々、戦争に関連するさまざまな語彙や、マッカーサーとかリッジウェー（マッカーサー罷免後の後任）とか、ドッジ・ラインとか、占領とか、ヤミ市とか、買い出し列車とか、「曲学阿世《きょくがくあせい》の輩」（全面講和を唱えた南原繁《なんばらしげる》東大総長に対して、吉田茂首相が浴びせた罵声。私の父も、「この吉田発言は単に一人、南原総長を非難する言葉にあらず。全学問人を侮辱するものだ」と憤っていた）等、その当時を物語る語彙を数多く聞きながら成長していった。

五〇～六〇年代前半あるいは団塊世代の少年時代

一九五〇年代から六〇年代前半にかけては、団塊世代にとっては、花の少年少女時代だった。

独立後の日本

五〇年代初頭といえば、日本は四九年以降のインフレ是正のためのドッジ・ライン（GHQによる日本経済安定のための九原則をドッジ米陸軍省顧問が具体的に指示した、一ドル＝三六〇円の為替レート設定、緊縮均衡財政、重税、賃金抑制等の施策）に基づくデフレ下にあって不況風が吹きすさび、敗戦後、しばらくの間、熱気が漂った民主化への道は滞り、よどみ始めていた。それでも敗戦の混乱からは、少しずつ脱却し、世相もやや落ち着いてきたころだった。

しかも朝鮮戦争勃発以降は、ドッジ・デフレ下の不況を一気に吹き飛ばす効果をもたらした特需のおかげで、産業界は息を吹き返し始めていた。これを「天佑《てんゆう》」などと称し、朝鮮人民の苦難を想像し得ない心ない向きもあった。

全面講和か、単独講和かという国論を二分した論争も、結局は、アメリカ合衆国およびそれに追従する吉田民主自由党政権によって、後者に落ち着く。アジアにおける反共陣営の一員としての日本の国際社会への再デビューだった。

一九五二年四月、対日講和条約、日米安保条約が発効した日には、吉田政権はダレスとの約束通り、手回しよく、中国大陸を追われ台湾に逃れた蔣介石の国民政府との間に平和条約を結んだ。反共産主義、大陸反攻、大陸光復を叫ぶ国民政府と手を結ぶことは、取りも直さず、中国大陸を実効的に支配する中華人民共和国を敵に回すことを意味していた。

この直後、五月一日のメーデーには、多数の労働者、大衆が参加し、生活の安定や日本の米軍事基地化反対を叫んだ。そのうち、立ち入り禁止とされていた皇居前広場に入った人々と警官隊とが真正面から衝突し、警官隊の暴行によって二〇〇〇名を超す死傷者が出た。「血のメーデー」と称される所以である。

根強い反対運動にもかかわらず、七月には、破壊活動防止法が公布され、公安調査庁が

図6　血のメーデー

設置された。八月には、警察予備隊と海上警備隊とを統合するかたちで保安庁も発足、再軍備に向けての準備が進むとともに、反体制的な活動、左翼的な活動に対する網が綿密に被せられていく。

つまるところ、五〇年代初頭には、民主化とはほど遠い状況が現出し始めていたのだが、そのころには日本の支配層、財界にとっては誠に好都合なことに、休戦合意後も三年間にわたって続くことになる朝鮮特需によって、日本経済はまさに起死回生、一挙に潤い始め、戦前の水準を上回り始めていたのだった。

個々の人々が豊かになったわけでは毛頭ないけれども、国家の経済状態が好転してきたことで、世相には落ち着きが出てきた。ここらあたりで、戦後復興期から長きにわたる驚異的な経済成長期へと移行する道筋が付けられていくことになったといえよう。

基地反対闘争と米軍人の感懐

他方、独立を勝ち得たにもかかわらず、外国の軍隊が日本国内に駐留し続け、施政権が返還されなかった沖縄はいうに及ばず、日本全国各地の米軍基地が恒久化され、射爆場のような付近住民に生命の危険を及ぼす施設が造られようとするのに対する反対闘争が繰り広げられたのもこのころだった。

一九五三年（昭和二八）六月をピークとする石川県の内灘《うちなだ》での米軍試射場にするための土地接収に対する闘争は、地元の農漁民だけでなく、革新政党ばかりか保守系野党まで巻き込み、日教組や国労等の労働組合まで参加する広範な運動として盛り上がった。

その背景には、日本の民主化を考えていた、初期のころのＧＨＱの強い教唆《きょうさ》の下で公布、施行された労働組合法（一九四五年一二月公布）や労働基準法（四七年四月公布）により、戦前とは比較にならないほど、労働者の権利が擁護されるようになっていたという事情があった。

一九五〇年代後半には、茨城県の東海村《とうかい》に設置された日本初の原子力関連施設に研究者として勤務していた私の父は、後日、これらの施設に隣接する米軍射爆演習場所属の米軍中尉と諸々話をした折りに感じたことを次のように語ってくれたことがある。

右のような事情に関連して、また、父が射爆場の早期返還論を唱えたのに対して、その「米軍中尉は、そもそも『日本の復興も民主化もアメリカ合衆国とその軍隊のお蔭なのに、日本人は親の心子知らずで、恩を仇で返す』といった感懐を吐露して、悔しがっていた。これは、多くのアメリカ人の考えを代弁する声だったのだろう」と。この米軍中尉の感懐は、後にアメリカ合衆国内で顕在化してくる安保タダ乗り論に連なっていく心情だったといえよう。

一九五四年三月には、ビキニ環礁近海で操業中の日本漁船、第五福竜丸が、アメリカ合衆国の水爆実験の犠牲となって被爆した。半年後、同船の無線長だった久保山愛吉氏が原爆症で亡くなった。日本人にとって、三度目の被爆体験だった。

一九五五年五月には、北富士演習場の拡張に反対する闘争が起こり、七月には、東京の砂川町《すながわ》（立川市）で、基地拡張に反対する町民の総決起集会が開催され、闘争ののろしが上げられた。その後、測量を強行しようとする官憲側および警官隊と、反対住民たちと闘争を支援する全学連学生や労働者大衆との間の衝突で流血の惨事が起きた。世に言う砂川闘争である。これは、住民側の勝利で決着した。

少なからぬ世論は、日本の米軍事基地化、そして日本がアメリカ合衆国の世界戦略に体よく組み込まれていくことに危機感を覚えていた結果でもあった。

こうした各地での基地反対闘争等のエネルギーは時には伏流しながらも、一九六〇年の安保闘争へと受け継がれていった。

五五年体制へ

一九五〇年代には、京都に住んでいた私は、京都駅前とか、三条大橋のたもととか、四条河原町交差点近辺とか、出町界隈とかで、「白衣の勇士」の姿をよく見かけた。

戦後数年間のうちに生まれた我々団塊世代は、まさに「戦争を知らない子どもたち」なのだが、親たちの戦争体験を聞いたり、兵隊帽を被り白衣に身を包んだ傷痍軍人《しょういぐんじん》が街角に佇《たたず》み物乞いをする有様をみたり、親にその人たちのことを尋ねたりするなかで、皮膚感覚をもって戦争の悲惨さを学んでいった。当時は、市電の電停などで、たばこの吸い殻を拾い集める人をみかけることも少なくなかった。

戦後直後の、暫定的な東久邇稔彦《ひがしくになるひこ》内閣（一九四五・八・一七〜）や幣原喜重郎《しではらきじゅうろう》内閣（一

九四五・一〇・九～）の後、短命に終わった社会党の片山哲《かたやまてつ》を首班とする内閣（一九四七・五・二四～）、芦田均《あしだひとし》内閣（一九四八・三・一〇～）を挟む前後の期間、各政党が離合集散を繰り返すなかで、つごう六年間にわたる長期政権を維持した吉田茂も、一九五四年一月に表沙汰になった造船疑獄、犬養健《いぬかいたける》法相の指揮権発動等々により、ついに民心どころか、財界の支持すら失っていった。同年一一月の自由党の再分裂を経て、一二月、左右両派社会党および日本民主党による内閣不信任案成立を受けて吉田内閣は崩壊、政権は鳩山一郎《はとやまいちろう》の手に移った。

一九五五年には、鳩山人気の影響もあって、一九五一年一〇月以来、左派と右派に分裂していた社会党が危機感をバネに、左派の鈴木茂三郎《すずきもさぶろう》を委員長として一〇月に合同した。翌一一月には、対抗上、保守政党の側も日本民主党と自由党とが合同し、自由民主党を設立した（最初は代行委員制、翌五六年四月の党大会で鳩山一郎を総裁に選任）。

これ以降、日本では長らく、いわゆる「五五年体制」と称される、自社両党を中心とした国会模様が展開することになる。六〇年安保改定を巡る政治の季節の頃までは、保守・革新のせめぎ合いには緊張感も漂ったが、日本経済が高度成長の波に乗ると、万年与党と万年野党による、時にもたれ合いが目に付く国会運営が為され、国民の顰蹙《ひんしゅく》を買うことにもなった。

吉田の対米追従路線を批判した鳩山は、対ソ復交、「経済自立五ヵ年計画」を旗印に掲げた。この五五年五月には、ソ連は、東ヨーロッパに構築した衛星諸国群とともに——一九四九年に結成されていた北大西洋条約機構に対抗するかたちで——ワルシャワ条約機構（共産主義陣営の軍事同盟。一九九一年三月解体）を結成、東西冷戦構造に一層の拍車がかかった。

他方、この年四月には、インドネシアのバンドンで、アジア・アフリカ会議がもたれ、そこでは、平和共存や互恵平等が強調され、その前年に中国の周恩来《ツァオエンライ》首相とインドのネール首相が発した平和五原則の共同声明を基礎にした平和一〇原則が採択されている。これは、近代西欧の帝国主義、植民地主義によって踏みにじられてきたアジア・アフリカ二九ヵ国の反帝国主義、反植民地主義そして世界平和に向けての強い意思表示であった。

鳩山内閣は、二月、対ソ交渉開始を決め、以後、紆余曲折を経て、翌一九五六年一〇月、日ソ両国は国交回復に関する共同宣言を発し、サンフランシスコ講和条約締結から遅れること五年、国交を再開した。それに伴って、同年一二月、これまではソ連の拒否権行使によって阻まれていた日本の国連加盟が実現した。

原子力研究開発の開始(1)

一九五五年は、日本における原子力研究開発が具体的に開始された年でもあった。しかし、それは日本の関係学者と政府との合意のもとに始められたものでもなければ、パブリック・アクセプタンス（社会的合意形成）を得て開始されたものでもなかった。一〇〇％、アメリカ合衆国に追随するかたちで、学者の顔を札束でひっぱたいて（中曽根康弘《なかそねやすひろ》発言）、開始されたのである。

一九五三年一二月、アイゼンハウアー米大統領は、第八回国連総会で、「原子力国際プール案」を提案した。提案の骨子は「原子力平和利用のため、国連に原子力機関を設置し、そこに各国がウラン等を供出する。アメリカ合衆国は、この平和利用計画推進に関してソ連と協力する」というものだった。畢竟《ひっきょう》、核兵器開発における対ソ優位が揺らぎ始め、また、核燃料の備蓄に余剰が出てきたアメリカ合衆国が、原子力研究開発に関する自らの優位を保つための提唱だったといえる。

一九五四年三月、先のアイゼンハウアー提案に迎合するように、改憲、再軍備を主張する改進党の中曽根康弘代議士らが、原子力関係予算案を国会に提出した。学界の慎重論は一蹴され、政財界主導のもとで日本の原子力研究開発のひぶたが切られてしまったのだった。

後手に回ってしまったものの、朝永《ともなが》振一郎博士、伏見康治博士ら、原子物理学の泰斗たちの活躍や、当時の日本学術会議のリベラルで民主的な雰囲気もあって、学術会議第一七回総会は、原子力に関する声明を発表した。

それは、原子兵器に関する研究は一切、行ってはならないとの決意を表明し、その決意を保証するために公開・自主・民主の「原子力平和利用三原則」を表明したものだった。さらに、学術会議は、唐突な原子力関係予算の出現を容認した吉田茂首相に抗議声明を出している。当時の学界には、もちろん御用学者もいたが、筋を通し、権力に対しても言うべきことはキチンと言うリベラルな学者が少なからずいたのだ。

しかし、一九五五年に入ると、六月には日米原子力協定の仮調印、一一月には本調印がなされ、同協定は一二月の第二三臨時国会の承認を得て発効した。同月には、原子力基本法、原子力委員会設置法も公布された。

原子力研究開発の開始(2)

原子力基本法に、先の「原子力平和利用三原則」の精神が盛り込まれたことは不幸中の幸いだった。このころの学界には自らの見解を政治状況にも反映させようという息吹きがあり、政界にも少しは学界の言うことに耳を傾ける勢力もあったのである。

図７　1950年代後半の東海村
松林の中に忽然と原子力関連施設が…

一九五六年一月には、原子力委員会が発足、初代委員には、湯川秀樹京都大学教授、藤岡由夫《よしお》東京教育大学教授、有沢広巳《ありさわひろみ》東京大学教授、石川一郎経済団体連合会（経団連）会長が就任、委員長には正力《しょうりき》松太郎読売新聞社主が納まった。

早速、同委員会のもとで、原子力研究所等の設置場所の選定作業が始まったが、結局は必ずしも同委の意向が反映されないままに、政治的思惑等々が介在するなか、同年四月には、その敷地は茨城県那珂《なか》郡東海村に決定したのだった。

五六年三月、日本原子力産業会議設立。五月、原子力三法（日本原子力研究所法等）公布。六月、特殊法人として日本原子力研究所

が本格的に始動。八月、原子燃料公社（後の動力炉・核燃料開発事業団）発足。一一月、日米ウラン貸与協定調印。

五七年二月には、電力各社が原子力発電への主体的参画を決定。五月、学界の核燃料自主製造の主張にもかかわらず、政財界主導で、アメリカ合衆国産の濃縮ウランが燃料として導入される。八月、東海村の日本原子力研究所に設置された実験用原子炉臨界。日本に初めて「原子の火」が灯った瞬間だった。各紙は、一面トップでこの事実を大々的に報道。「原子力元年」「原始の村に原子の火」等々と喧伝された。一一月には、日本原子力発電株式会社が発足し、商業用原子炉の運転に向けての業務を始めた。

このように、日本における原子力研究開発は、アメリカ合衆国の思惑に迎合、追随するかたちで、政財界主導の下、急ピッチで進められていくことになったのだった。学界の意向は十全には反映されないことが多くなっていった。

こうした動勢に不満を抱いた湯川秀樹博士は、一九五七年三月、原子力委員を辞している。

五九年一月には、日本原子力研究所において国産第一号原子炉が起工、同年三月には、原子燃料公社の研究グループが、初めて国産の金属ウラン精錬に成功した。この研究の輪

図8　原子力燃料試験所（1958年）

のなかには、核燃料や原子炉の国産、すなわち原子力の自主的な研究開発を強く主張していた私の父もいた。

　一九六二年九月に至って、国産第一号の研究用原子炉が臨界に達した（日本の原子力研究開発の動向に関して、詳しくは拙論「原子力研究開発黎明期における地域社会の動向」〈『地方紙研究』一五八号、一九七九年〉、「原子力研究開発黎明期における中央の動向」〈『東海女子大学紀要』九号、一九九〇年〉、「一九五〇年代半ばにおける日本の原子力事情」〈同右一〇号、一九九一年〉、「国際的関連から見た日本の初期原子力研究開発」〈同右一一号、一九九二年〉、「日本の原子力研究開発初期における確執の諸相」〈同右一二号、一九九三年〉等を参照されたい）。

田舎の団塊っ子小学生たち（1）

一九四四年九月に京都帝国大学工学部を卒業した私の父は、中島飛行機に入社したが、そのわずか二ヵ月後には、軍に召集され、陸軍二等兵として工兵隊に配属され、敗戦に至るまで軍隊生活を強いられた。

そして、敗戦から半年も経たない一九四六年一月、京都大学に復帰、以後、母校の助手、専任講師として一二年間、学究生活に勤《いそ》しんでいた。

その父が、慣れ親しんだ京都を離れて、東海村に赴任したのは一九五八年二月のことだった。半年遅れで、家族も京都から、この村に引っ越した。私は小学校の三年生半ばだったが、都会の団塊っ子たちと別れを告げ、田舎の団塊っ子たちと交遊することになった。

このころになると、団塊世代の記憶は明瞭に残っている。当時、小学生がすぐ適応するには、千有余年の都の地・京都市と、北関東の名もない一寒村・東海村との文化的落差や自然環境の違いはあまりにも大きすぎた。

そのころの東海村は、舗装道路もなく、散在する藁葺《わらぶ》き屋根の家々と松林と砂浜だけの寂しい村だった。夜、聞こえてくるのは、寄せては返す潮騒《しおさい》の音のみだった。

私が京都で通っていた小学校は、御所に隣接する立派な鉄筋コンクリート造り。全国の

図9　京都市立京極小学校入学式（1956年）

給食モデル校で、もちろん、定番の脱脂粉乳とクジラ肉はよく出たが、結構、味もよく、パンも美味しかった。それを体験している身には東海村のオンボロ木造の小学校で出される給食はしばしば喉《のど》を通らなかった。

そのことや、話し言葉が全く違うこと、服装が違うことなどを理由にして、いじめられたりもした。しかし、田舎の団塊っ子たちのいじめは陰湿なものではなく、打ち解けてきて、言葉も理解し合えるようになると、仲良くなり、彼らの家にも招いてくれたりするようになった。

彼らの家は、藁葺き屋根で、広い土間があり、井戸水だった。軒先には藁を敷いたうえに、サツマイモを縦に切ったものが無数に並べて干してあった。かくれんぼ、缶蹴り、鬼ごっこ、チャンバラごっこ、メンコ遊び、べーゴマ遊び等に飽き、疲れ、お腹を空かすと、田舎の団塊っ子たちは、藁敷きの近くに座り、その「カンソイモ」を食べ始めた。

私にも「食ったらいがっぺ」「食べたらいいでしょうよー」と勧めてくれるのだった。始めは、表面にふきだしている白い粉が気味悪かったが、食べてみると案外、美味しかった。忙しい彼らの母親の農婦が、それを焼いてくれると、プーンと香ばしい匂いがして美味しさも増すのだった。

田舎の団塊っ子小学生たち（2）

都会の団塊っ子だった私には、肥溜《こえだ》めなどという存在は全く未知のものだった。だから、東海村に引っ越して間もないころには、かくれんぼ等の最中に、うまく隠れるつもりが肥溜めに落ちてしまい、うんこまみれになってしまうことも一度ならずあった。そんな時には、肥溜めにも、うんこまみれにも慣れている田舎の団塊っ子たちは、べそをかいている私を近くの川に連れて行って、服を脱がせ、川水でうんこを洗い流してくれるのだった。大都会では、けっして味わえない小学生の友情の証だった。

その川では、鮒《ふな》を釣ったり、ドジョウやカエルやオタマジャクシを捕まえたり、シジミを捕ったりした。森でカブトムシやクワガタムシを捕ったり、山でウサギを追ったり、キノコ採りをしたりした。田舎の団塊っ子たちと日がな一日、自然と戯れながら遊ぶ日々だった。

「村の鎮守の神様の今日はめでたいお祭り日、……ドンドンヒャララ、ドンヒャララ……朝から聞こえる笛・太鼓……」という小学校で習った歌が、そのまま村のハレの日の光景だった。まだ、ハレとケ（さらにはケガレ）、日常と非日常とが、はっきり厳別できるような村の生活だった。

昨今、見直されている昭和三〇年代だが、単なる懐古趣味的観点ではなく、文明史的に考えても、たしかに、あのころには今はもう失われてしまった人情や風物が沢山あった。前章で、作家のBさんが述べているように「近所の知らないお兄さんが遠くまで自転車の後ろに乗せて連れて行ってくれた」ような、そんな記憶を蘇らせることができる時代だった。これは、けっして団塊世代の作家が心に描く感傷的な心象風景などではなく、実際に自らが体験した光景だったのだ。その体験は私のものでもあった。

中学校を卒業して、都会へ出て行くことになった東海村のウチの近所に住んでいた農家

図10　東海村風景（1959年）
この道を近所のお兄さんが自転車に乗せて走ってくれた．

の三男のお兄さんが、上京する二、三日前に、私を自転車の後ろに乗せて、川沿いの道を何時間も走ってくれたことがあった。時々、乗せてくれる人だった。「もうすぐ、仕事始まっからよう、そうすっと、おめのこと乗っけてやんねから、今日は遠くまで行ぐべ」と言って、夕日に向かって、ペダルを漕ぎ続けてくれたのだった。こんな心優しい近所のお兄さんがいた時代だった。

もはや戦後ではない

一九五六年の『経済白書』は、「もはや戦後ではない」と述べている。戦後一〇年を経て、折りから始まろうとしていた神《じん》武《む》景《けい》気《き》の下、設備投資が活発化し、工業生産は戦前の二倍となり、輸出も好調、個々の国民の所得も増加するなかで、復興の時期は終わったという政府の強気の姿勢を示したものといえよう。

この年には、日本の造船高は世界一になっている。同年末には、鳩山一郎が引退し、石橋湛山《いしばしたんざん》が総理総裁に就任した。しかし翌五七年二月には、石橋首相は病気辞任、首相臨時代理をしていた岸信介《きしのぶすけ》外相が首相となった。

岸首相は、一月末に起きた、ジラード事件（相馬《そうま》が原《はら》米軍射撃演習場で空薬莢《からやっきょう》拾《ひろ》いをしていた日本人農婦を米兵が射殺した事件）の解決を突破口として、不平等な日米安保条約改定に意を用いる。

しかし、ジラード事件は、懲役三年（執行猶予四年）という極めて軽微な有罪判決（五七年一一月）に終わり、在日米軍基地への風当たりは強まり、安保反対闘争へと連なっていった。

一九五八年九月には、ジョンソン空軍基地（埼玉）所属の米兵が、西武鉄道の電車に向けて発砲、乗客が亡くなるという事件が起きた。一九五九年六月には、沖縄で米軍飛行機が小学校に墜落、死者一七名、負傷者一二一名を出した。在日米軍基地の存在のために、無辜《むこ》の日本人が殺傷されたり、強姦されたりといった事件は当初から今日に至るまで後を絶たない。

国家の安全のためには、個人の安全は脅かされてもよいのだろうか。

こうしたなかで、五八年一〇月からは、公然と日米安全保障条約改定のための交渉が開始された。同月、岸首相は、日本国憲法第九条廃止を唱えた。戦前への回帰が懸念される事態となってきた。

余談ながら、同年一二月末、エッフェル塔より高いと喧伝された東京タワーが完成した。田舎の団塊っ子だった私は、わざわざ父母ともども東海村からタワー見物に東京へやって来た。あまりの高さに足がすくんだ。

安保改定を巡る動き

一九五五年から五七年にかけての神武景気、一九五九年から六一年にかけての岩戸《いわと》景気、そうして一九六三年から六四年にかけての五輪《ごりん》景気、さらには一九六五年から七〇年にかけてのいざなぎ景気と、それぞれの合間合間に不況を挟みながらも、一九七三年一〇月の石油ショックに至るまで、日本は一八年近い期間にわたって右肩上がりの経済成長を続けた。

これが世に言う高度経済成長期である。この期間の前半部分が、団塊世代の少年時代に重なる。

一九五〇年代後半から、教育に関する中央集権化、国家統制の動きが活発化してくる。これは、戦後民主主義教育のあり方に対する支配層、国家権力の危機感の現れだった。かつては、文部省自らが民主主義教育の旗手になるかと思われたこともあったが、それはしょせん無い物ねだりだった。文部省は、教科書調査官や視学委員を設置したり、勤務評定の徹底、教頭の権限強化を図るなど、教科内容や学校現場に対する統制管理を強めようとし始めた。

それに対して、当時はまだ強い力を持っていた日教組等は全国規模で勤評反対集会を展開した。教育の現場のみならず、さまざまな労働の現場でも、労働争議が多発していた。五九年には、かの三井《みつい》三池《みいけ》争議も始まっていた。

こうしたなかで、一九六〇年初頭には、安保条約改定交渉が妥結、一月半ば、新安保条約調印のために岸首相らの全権団がアメリカ合衆国に向けて出発した。その際、全権団の出発を阻止しようと多数の全学連学生たちが羽田空港で座り込みの闘争を繰り広げた。

しかし、一九日には、日米の全権団は新安保条約（日米相互協力および安全保障条約）や米軍の地位協定等に調印し、後は国会の承認を待つばかりとなった。戦いの場は国会周辺へと移った。

図11　安保闘争

同年五月半ばから六月半ばにかけて、国会周辺は「安保粉砕」一色に染まった。けれども、安保阻止国民会議が数波にわたり一〇万人を優に超す規模のデモを展開するなかで、自民党は新安保条約や地位協定を強行採決した。

それに対して、全学連は首相官邸や国会に直接入り込む抗議行動を起こし、警官隊と激突した。六月一五日には、東大生の樺《かんば》美智子《みちこ》さんが落命、各大学に抗議行動が広がっていった。ことの重大さに驚いた政府は、アイゼンハウアー米大統領の訪日延期をアメリカ合衆国政府に要請するに至る。

一八、一九両日にわたっては、三十数万人のデモ隊が国会を取り囲んだ。しかし、一九日に新安保条約は自然成立、二三日には同条約批准書が日米間で交換され、ついに同条約は発効することになった。

岸首相は安保改定を巡るなかで事態の混乱を招いた責任を取って辞任、七月には池田勇人《いけだはやと》を首班とする内閣が成立した。

六〇年安保と団塊世代

この六〇年安保のころには、団塊世代はすでに一一〜一三歳の少年少女になっていた。まだテレビはさほど各家庭に普及していなかったとはいえ、ラジオや新聞の報道や親たちが論評するのを聞いたりして、団塊っ子たちは、日本の行く末に重大な影響を及ぼすであろう大きな曲がり角に自分たちが立っていることを実感していた。

私自身も、国会周辺を埋め尽くすデモ隊の新聞掲載写真などを見ては、子どもながらに、どうして、こういう事態が起きているのか等々、父の帰宅を待っては連日質問したことをよく覚えている。父は、仕事で疲れているにもかかわらず、いつも明快に解説してくれた。戦争の惨禍、軍隊という組織の非情さを知る父は、日本国憲法第九条をものすごく大切に思っていた。したがって、その九条の廃止、その線上に再軍備を目論んでいるような岸首相を蛇蝎《だかつ》のごとく嫌っていた。日米安保条約の不平等性も熟知していたようで、子どもにも分かり易いように説明してくれた。

私「どうして、あんなに沢山の人たちが国会議事堂の回りにいるの？」

父「それはね、あのなかに岸っていう人がいて、もう戦争はしない、戦争は嫌だっていう日本人の気持ちを踏みにじって、アメリカの軍隊を日本に置いておこうとしているから、それに反対する人たちが抗議の為に集まっているんだよ」

こんなふうな父とのやりとりが繰り返された日々だった。

前章に登場する団塊世代の高校教師Fさんも、六〇年安保の頃には、やはり高校教師だった父親が自身の憤懣やるかたない気持ちを、Fさんやその兄に語っていたことを思い出すという。Bさんしかり。Dさんしかり。「あのとき、親父、怒ってたなあ」「どうもうちの父もデモの隊列に加わってたみたいだぜ」等々と異口同音に語ってくれた。

その他、聞き書きに応じてくれた団塊世代の人たちも、六〇年安保の時のことは、まだ幼いながら、結構よく覚えていると答えている。この安保闘争は、少年少女の記憶にも残る重大な意味をもつ闘争だったといえよう。

樺美智子さんの死にも、私は子どもなりに衝撃を受けていた。私は、うっすらと「自分も大学生になったら、ああいう行動をするのかなあ」などと考えていた記憶がある。奇しくも、少なからぬ団塊世代の人々が同様の記憶を蘇らせてくれた。

団塊世代の少年少女時代における六〇年安保の際の、このようなうっすらした認識が、自らが大学生になった時の、大学闘争への何らかのかたちでの参画の底流になっているのかもしれない。

団塊世代の時代背景（2）

高度経済成長期前期
あるいは団塊世代の青年時代前期

高度経済成長・所得倍増計画

六〇年安保闘争は、日本における権力支配層に対する最大級の民衆の闘争であった。そればかりか、東西冷戦構造が固定化していく初期の段階における、民衆の平和と公正な政治のあり方を希求する闘争としては、世界史上に名を残すであろう闘争といえよう。

それほどに、この闘争には、数多くの学生、労働者、市井の主婦等々、広範な人々が主体的に参加したのだった。結果として、この六〇年安保闘争は、新安保条約の発効を許すことになってしまったものの、多くの民衆の声を無視し「声なき声」という、実態があるのかないのか分からないものを楯にした岸信介内閣の存続は許さなかった。

岸の後を継いだのが、「中小企業の倒産や自殺やむなし」だの「貧乏人は麦を食え」だのと、よく舌禍《ぜっか》事件を引き起こす池田勇人だった。

しかし、そういう人物であっただけに総選挙向けのテレビ・コマーシャル「私は嘘を申しません」等の少し愛嬌のある言葉もそれなりに似合うのだった。池田には、しょっちゅう庶民をコケにする割に、庶民に好感を持たれるようなところがあった。岸政治で、国民の信望と人気を失った自民党の人気回復にはうってつけの人物だったといえよう。

この「私は嘘を申しません」は、団塊っ子の間でも、結構な流行り言葉だった。私たちの仲間うちでも、この言葉を子どもなりに当意即妙に用いては、笑い合っていた。

池田首相は、吉田学校の優等生として、第三次吉田茂内閣や石橋湛山内閣でも蔵相を務めた財政通だった。その池田の内閣は、日本経済が高度成長の渦中にあったという僥倖《ぎょうこう》もあって、大いに国民の耳目を引く所得倍増計画を発表する。

一九五五年（昭和三〇）から七〇年にかけての日本経済の成長率は実質年率九・七％で、その間に国民総生産は三倍になった。五五年の粗鋼生産九〇〇万トン、乗用車二万台、TV一三・七万台だったのが、七〇年には各々、九三〇〇万トン、三〇〇万台、一二五〇万台。五五年における農林業従事者の比率は三九％だったのが、七〇年には一八％に激減。高校進学率は五一・五％から八二・一％に上昇。都市人口比率は五六％から七二％に増大。一世帯あたりの平均人数は四・九人から三・六人に減少（以上の数字は香西泰『円の戦後史』〈一九九五年、日本放送出版協会〉による）。

右の数字が端的に示すように、この時期、およびその前後数年間は、社会の諸状況が激変した時期だった。この激変の時期こそ団塊世代が少年少女から、青年へと成長し、社会人になっていく時期であった。

その日本経済が上り調子のさなか、一九六〇年一一月、第二九回衆議院総選挙で大勝（自民党二九六議席）した池田は、第二次池田内閣を発足させ、翌一二月に国民所得倍増計画を閣議決定した。日本現代政治史上でも稀に見る時宜に叶った、民心を捉える策定だったといえよう。

他方、同年一〇月、革新陣営は右翼少年の凶刃により社会党委員長浅沼稲次郎《あさぬまいねじろう》を失った。安保闘争が終わりを告げ、経済のことは自分に任せよという池田が首相になり、大衆動員にも力を発揮した浅沼が政治テロに倒れたことは、日本が「政治の季節」から「経済の季節」へと大きく転回していく際の象徴的な出来事であった。

田舎の団塊っ子中学生たち

この時期のちょうど半ば、一九六三、六四、六五年ごろ、先に触れたKさんやLさんたち、中卒の団塊世代が「金の卵」として、地方から大都会に大挙、吸い寄せられて、単純作業に従事することになる。この時期、二十数万人に上る中卒の団塊っ子たちが、高度経済成長の最底辺の担い手として、貴重な労働力になっていったのだった。

この時期に、製造業に就職した「金の卵」たちが熟練工となり、高度経済成長を下支えしたわけだが、その彼らが二〇〇七年から順次、退職していくことに伴って、熟練労働力不足が心配されている。

私の東海村の小学校時代の同級生たちで、この時期に中学校を卒業、上京して、あるいは隣接する日立製作所の城下町、日立市や県都の水戸市等で働き始めた者も少なくなかった。日立だと、十分、自宅から通えるという利点があった。このころの日立市は、日立製作所のみならず、日本鉱業等、大企業の事業所も操業しており、家電製品の増産ブームもあって、水戸市を優に凌《しの》ぐ殷賑《いんしん》を極めていた。

他方、そのまま家業を継いで、農業に従事する者もいた。何しろ、小学校に「農繁休暇」という休みの日があり、小学生たちも田植えや稲刈りなどに動員されていた時代のことだ。脱農業化が顕著になり始めていたとはいえ、同級生たちのうち、ことに長男の連中では農家を継ぐ者もまだ多かった。

「俺は長男だっぺ。んだから外には出られねえべよ」と子どもながらに、諦観的に語って、農家を継ぐ覚悟を決めた同級生は、「金の卵」として東京や日立に働きに行く同級生（次三男が多かった）を羨ましげに見ていた。

親がかりで高校生になった私も、なぜか彼らを眩《まぶ》しく感じたものだった。自分で生活の糧《かて》を稼ぐことができる立場に対する羨望だったのかもしれない。

高校に進学する者も半数近くはいた。彼らの多くは農業高校や工業高校に入った。三年後、ことに後者の卒業生は、日立製作所や日本鉱業、さらには、日本原子力研究所や原子燃料公社の後身、動力炉・核燃料開発事業団等に就職する者も多かった。各事業体が、地元出身者の採用に前向きだったのだ。もちろん、そうした事業所に就職できたのは恵まれていた方で、より多数は零細企業に就職した。

ちなみに、私の京都の小学校時代の同級生たちの九〇％以上は中学校を卒業すると、当然のように高校に進学した。京都と茨城県東海村との単純な比較からだけでも、都市化、重工業化が進むなかで、高校進学率等に関する地域間格差の進行が顕著だったことが判然とする。

都市への人口集中、過疎化・過密化の進行、公害問題の深刻化なども、この時期に顕在化してくることになる。

地球は青かった・キューバ危機・ケネディの死

一九六一年四月、ソ連が世界初の有人人工衛星船ボストーク一号打ち上げに成功した。搭乗していた宇宙飛行士ユーリ・ガガーリン少佐の「地球は青かった」という一言は、当時、思春期の真っ最中だった団塊世代の気持ちを高揚させた。太陽系の惑星としての地球への関心、宇宙への関心はいや増しに増していった。

余談だが、後日、ガガーリン飛行士が来日した際、彼が日本国内で乗った飛行機の客室乗務員をしていた叔母は運良く彼のサインを貰った。私は、それが「輝く未来からの手紙」「宇宙からのメッセージ」のように思えて……欲しくて欲しくてしようがなかった。

ボストークの成功からほどなく、アメリカ合衆国も有人ロケット飛行を成功させた。当時の団塊世代は、まだ、これらが、米ソの果てしない軍拡競争の一環だったことまでには思い至らなかった。けれども、大人たちのみならず、団塊世代の間でも、アメリカ合衆国という超大国に対抗しうる、カウンター・パワー、カウンター・カルチャーの保持者としてのソ連という国への関心が高まっていた。

その関心は、六月のケネディ米大統領とフルシチョフソ連大統領のウィーン会談、八月、東京での日本初のソ連工業見本市開催、さらには翌六二年一〇月にピークを迎えたキューバ危機等により、高まる一方だった。

キューバ危機の際、団塊世代は教室で同級生たちと、自分がケネディだったらどうするとか、フルシチョフだったらどうするとか、侃々諤々《かんかんがくがく》、喧々囂々《けんけんごうごう》、議論を展開したものだった。団塊っ子は、東西冷戦構造の申し子でもあった。

東西冷戦構造下、一触即発の危機を回避し、第三次世界大戦を未然に防いだ（と感じられた）ケネディ米大統領とフルシチョフソ連大統領を、団塊っ子たちは、ちょっとミーハー的に英雄視していた。ハンサムなケネディは団塊っ子女生徒の憧れの的で、したがって自分の未来をジャックリーン夫人に重ね合わせ夢見る女生徒なども少なくなかった。

であるから、翌一九六三年「いい夫婦の日」（一一月二二日）に、テキサス州ダラスで、ケネディが凶弾に倒れ、ジャックリーン夫人が「オー・ノー」と悲痛に叫んだ事件は、団塊っ子中学生の胸に深く刻まれている。

東京五輪・北爆・家永教科書訴訟

一九六四年の日本の表向きは、華々しかった。四月には、海外旅行が自由化され、この年は第二の開国の年とも言われるようになる。九月には、日本初の名神《めいしん》高速道路が全面開通、翌一〇月には東海道新幹線が開通、同月には第一八回オリンピック大会が東京で開催というように、高度経済成長下で日本の繁栄が謳歌された。

しかし、裏では、日本政府は、民族自決に反するアメリカ合衆国のベトナムへの介入が深刻化するなかで、ベトナム戦争への協力を確約し、米原子力潜水艦の日本寄港も容認した（ベトナム戦争に関しては、当時、国防長官だったジョージ・マクナマラですら、後日、その誤謬を認め、自己批判している）。

さらに日本政府は、日韓の学生や民主勢力が反対するなかで日韓条約締結にむけての交渉を進めていた。

一九六五年二月、アメリカ合衆国は、北爆を開始、ベトナム戦争の泥沼化に拍車を懸けた。同年四月、私は、団塊っ子高校生になった。そして、一クラス五八人のすし詰め教室に入れられた。何やら収容所みたいだった。

多感な高校生だった私は、強大な国家権力が、圧倒的な軍事力を駆使して、自国に不都

図12　ベトナム反戦立て看板（1966年，京都大学）

合な他国を崩壊させようとして、その国の老若男女を問わぬ無辜の民に砲弾を浴びせ、虫けらの如く逃げまどわせ、殺傷する光景を目の当たりにして、ただただ憤りを感じていた。

その胸中の怒りを、どこにどうぶつけたらよいかも分からないうちに、その秋、北関東弁論大会に出場する機会を得た私は、「北爆を論ず」と題して、生半可な知識と現状認識のままに弁舌を弄《ろう》し、右翼系の生徒たちからの厳しい批判に晒された。

同年六月には、日韓基本条約が調印され、年末の衆参両院における強行採決を経て、同条約は批准された。

同じ六月、家永三郎東京教育大学教授が

教科書検定第一次訴訟を起こした。自らが著した歴史教科書に対する国家権力の介入（文部省検定調査官による検定）を違憲として、日本国に対して賠償を請求するというものだった。

同教授のこの訴訟は、歴史学者、歴史教育関係者らを中心に「教科書訴訟を支援する全国連絡会」が結成されるなど、広範な支持を得、その後、六七年六月には、検定不合格処分取り消しを旨とする第二次訴訟等も提訴されるなどしながら、三十数年にわたって続けられた。

これは、同教授の「戦前戦中において、戦争に対して批判的な認識を心中に宿しながら、沈黙を保つという『無作為の作為』のかたちで、結局は戦争に協力してしまったことへの反省の念から出た実践活動」だった（家永教授が東京教育大学大学院のゼミや個人的な語らいのなかで語ってくれた言葉の要諦）。

ビートルズ・サルトル・GS・紀元節

団塊っ子高校生たちにとって、一九六六年の関心事は、国際的なベトナム反戦運動の高まり、ザ・ビートルズの武道館公演、ジャン・ポール・サルトルとシモーヌ・ド・ボーボワールの来日、そして中国の文化大革命だった。

相変わらずベトナム反戦運動にどのように主体的に関わっていけばいいのかという課題を残しつつ、ザ・ビートルズやザ・ベンチャーズのエレキサウンドにしびれ、自前のバンドを結成してみたりしながら、サルトルやボーボワールの難解な書に取り組み、文化大革命の推移に驚嘆の目を向けるといった日々だった。

当時、大人たちは、エレキ＝不良という烙印を押したがったが、後に、ビートルズが、ベートーベン、バッハ、ブラームスとともに、音楽史上における四Bと並び称されることになったことを思えば、若者の感性、音楽性の方が、大人たちより鋭かったことになる。

GSブームを支えたのも団塊世代だった。グループ・サウンズのメンバーにも、あのザ・タイガースのジュリー（沢田研二）、トッポ（加橋かつみ）、サリー（岸部一徳）、ザ・スパイダーズの井上順、ザ・スウィング・ウエストの湯原昌幸らを始め、団塊世代が多かった。

ちなみに、団塊世代からは、GS以外にも、高田渡、中川五郎、泉谷しげる、大滝詠一、矢沢永吉、細野晴臣、南こうせつ、元オフコースの小田和正、元アリスの谷村新司、堀内孝雄、元フォーク・クルセダーズの加藤和彦、そして井上陽水等々、錚々たるミュージシャンがキラ星の如く輩出して、日本の音楽シーンに光彩を放っていった。

一九六七年二月一一日、紀元節が「建国記念の日」と名を替えて復活した。これに対する抗議の意を込めて、東京大学や東京教育大学等では、学生や教官の有志が陸続として登校を敢行した。

この、歴史ではなく神話に基づく国民の休日の設定に強く反対し、右翼から脅迫されたという和歌森太郎東京教育大学教授は、後日、「歴史の真実を探究する者として、その良心に懸けても、これだけは阻止《そし》したかった。日本は歴史の新しいアメリカ合衆国などとは訳が違うんだから、建国記念日なんて必要ないんだ。これは、戦前の皇国史観の復活に繋がりかねない。慚《ざん》愧《き》に耐えないことだ」と語っている（和歌森教授が東京教育大学や同大学院のゼミや個人的な語らいのなかで述懐してくれた話）。

図13　和歌森太郎

たしかに国家が、率先して歴史と神話とを意図的に混同させ、特定の史観を人々に押し付け、アプリオリにその人々の歴史観形成に関与するのは極めて好ましくないことと言わざるを得ない。

六〇年代後半〜七〇年代初頭あるいは団塊世代の大学闘争期

公害がもたらした悲劇

一九六七年（昭和四二）六月には、東京教育大学評議会が、文学部等の強い反対にもかかわらず、筑波研究学園都市への移転を決定した。これは、東京教育大学の廃学、文部省構想に基づく新大学の創設に繋がっていく措置だった。

創設とはいえ、有力な大学を無から造ることは困難なので、既成の有力大学である東京教育大学の組織を解体し、再利用、再構築しながら、理科系を大きくして筑波大学が立ち上げられることになったのだ。

団塊っ子大学生、わけても東京教育大学の学生たちは、否応なくこの渦中に巻き込まれ

図14　四日市市のコンビナート

ることになる。筑波移転反対闘争は、東京教育大学における闘争の一つの核になったからである。

六七年九月には、高度経済成長の最たる負の遺産の一つとしての公害に耐えかねた四日市市の喘息《ぜんそく》患者の人たちが、石油コンビナート各社を相手取って慰謝料請求の訴訟を起こした。

そのちょうど二年後、私の同級生だった四日市出身の女子学生Xさんは、忽然とクラスの仲間たちの前から姿を消した。誰にも、その理由は告げられてはいなかった。美人で、少なからぬ男子学生たちが想いを寄せていた人だっただけに、キャンパスでは恋愛がらみの失踪かなどという噂がまことしやかに流れていた。

後日、Xさんは、その理由を語ってくれた。四日市喘息のために両親が相次いで亡くなり、看病疲れと悲しみのなかでいたたまれなくなって、学業を続ける気力もなくなり、学資も続かなくなりそうだし、あれこれ人に知られるのも嫌なので、人知れず、ひっそりと退学し、私たちの前から消えることを決心したという。

公害は、彼女の両親のみならず、向学心に富んだ有能な一人の学生の輝く未来をも奪ったのだ。公害が原因で発症し、亡くなった人々、病に苦しむ人々のみならず、公害はこのような表面には出ない犠牲者も無数に輩出していたのだった。

一〇月には、佐藤栄作首相のベトナム訪問反対の闘争が、全共闘系学生を中心に繰り広げられた。羽田空港周辺に集結した数千人の学生大衆に、警官隊がガス弾を発砲、その混乱のなかで隊列にいた京都大学生の山崎博昭さんが死亡した。彼は大学に入ったばかりの団塊世代だった。六〇年安保闘争時の樺美智子さんに次ぐ犠牲者だった。

昭和元禄時代の団塊っ子浪人生

一九六八年という年は、極めて多彩な年だった。一面では、「昭和元禄」などと称され、カラーテレビ、自家用車、冷房機が各家庭に行きわたり、国民総生産が、アメリカ合衆国に次いで世界第二位になった年である。

長らく続いた日本の高度経済成長がさまざまなひずみを残しながら、ようやく終わりに近づきつつあった時期、換言するなら、その高度成長の伸びきった時期、さらに換言するなら、その高度成長の極相期だったのである。日本史上、総体としての日本が、経済的・物質的には最も豊かになった時期だったといえよう。

他面では、この年半ばに、厚生省が、富山のイタイイタイ病、熊本の水俣病、新潟の阿《あ》賀《が》野《の》川の水銀中毒それぞれの公害の淵源は、三井金属、チッソ、昭和電工の工場廃水等であることを公表、遅まきながら高度経済成長の負の側面があぶり出され始めた時期でもあった。

さらに、同年一月には、東京大学医学部の学生が無期限ストライキに入り、三月には安田講堂が全共闘系学生によって占拠され、同月の東大卒業式は中止、年末には入試の中止が公表された。全国の高校三年生たちが「ああ、あああー高校三年生……」と歌ったかどうかはともかく、受験戦略の練り直しを迫られた。前年、大学入試に失敗していた浪人生たちも同様だった。

しかし、東京大学、東京教育大学、東京外国語大学等の入試中止という前代未聞、空前絶後の事件によって、受験を控えた私たちはまともに多大な影響を受けることは必至だったが、その要因を作った団塊世代を恨む気にはならなかった。

「彼らも、資本主義社会の矛盾、大学という最も民主的であるべき組織の封建的な事大主義等に鉄槌を下そうと命を賭して頑張っているんだ」というような、団塊世代に対して好意的な見方をしていた団塊最末期の浪人生が多かった。

少なくとも私の周辺では、そうした見解や、自分たちの受験に関しては不利、不都合なことは日の目を見るより明らかではあるけれど、そんな自分の利害だけで大局を見失ってはいけないといった、けなげな見解が、薄暗い予備校の廊下や教室で飛び交っていた。

経済的豊かさが喧伝される反面、その豊かさの陰で、利潤追求優先の大企業が垂れ流し、撒き散らす有害物質を含む工場廃水や煤煙等と健康被害との因果関係も次々と明らかになり、また団塊世代を中心とする学生たちによって担われた大学闘争が激化の一途をたどるなど、社会的には不安定な時期だった。

国際的にみても、この年は、ベトナム戦争が転換期に差し掛かり、米軍による住民大虐殺事件としてベトナム史上に名を残すソンミ村事件（三月）が起きたり、「プラハの春」がソ連軍戦車によって蹂躙《じゅうりん》（八月）されるなど、米ソ両超大国の横暴が顕著に目に付いた年だった。

マーティン・ルーサー・キング牧師が暗殺（四月）されたのもこの年だった。黒人と白人の相互理解と共存を夢見たキング牧師の死は、異人種間の和解の難しさを端的に物語る事件として、私には極めて衝撃的に受け止められた。

彼の死を悼む団塊世代は多かった。私の通っていた予備校でも、彼の「I have a dream」の文章を諳《そら》んじ合ったりしたものだった。キング牧師のこの文章と、ジョン・F・ケネディの大統領就任演説の文章とは、私たちが追悼と受験対策とを兼ねて暗記した英文の双璧であった。

新左翼学生の抜きがたいエリート意識

明けて一九六九年、受験界が混乱するなかで、入試の季節が始まった。やはり東京大学の入試は実施されないことになった。

私と同じく団塊世代で、東大生となり、最過激派セクトに属していた親戚の男Fは、「東大の入試が一年なくなるということは、東大の卒業生が一年、世に出ないことを意味する。これは、ゆくゆく日本社会にダメージを与えずにはいない大成果だ。これで日本は大きく変わっていくだろう」と豪語していた。

彼のセクトが東大入試阻止に向けて、どれだけの力を発揮したのか、私には分からなかった。最終的に、東大入試の全面的中止を決定したのは、直接的には、政府・自民党、坂田道太文部大臣の圧力による加藤一郎東大総長代行の苦汁の選択の結果のはずだった。

そういう私に対して、しかし、彼は、「そういう事態に立ち至らしめたのは我々の命を賭けた闘争の成果なのだ」と言い張った。それは、その通りかもしれなかった。

けれども、政府・自民党が、もし東大入試中止が現体制維持にとって著しい不利益をもたらすものと判断したなら、何としてでも、いかなる手段を講じてでも東大入試実施に向けて策を弄するだろうと私は思っていた。

そうしなかったということは、むしろ政府・自民党の方が、一年くらい東大入試がなくなっても大勢（体制）に影響はないと読んでいたのかもしれない。あるいは、入試を実施して、それが混乱すれば、自分たちの威信が失墜することを恐れたのであろう。

いずれにせよFの話に端的に示されたような、受験競争社会的観点からの「東大神話」話はやはり私には首肯しえず、可笑しかった。

東京大学という最高学府中の最高学府の権威・権力を否定しようとして戦っているはずのFたちが、その東大の権威を自ら是認するような発言をしたことは、浪人中、彼らの行動が自分たちに不利をもたらすことを十二分に知りながら、彼らの行動を眩しく肯定的に

図15　大学闘争

眺めていた私に大きな失望感をもたらした。

　Fは、自らの自己矛盾を認めたくないようだった。私は、当時、全共闘系の学生たちの間で流行っていた（というと語弊があるかもしれないが）「自己否定」の論理も、徹底したものではなく、自らの特権的立場までをも完全に否定し去ろうとするものではないなと感じさせられていた（この辺りの記述は、私の一九六八～六九年当時の日記等に基づく）。

　もちろん、F一人の言動をも

って、すべての新左翼の認識、志向を代表させるつもりは毛頭ないけれども。

そんな状況のなかで、私たち団塊最末期世代は、それぞれなりに大学生になっていった。

団塊っ子大学生たちの大学

入学早々、私たちを待ち受けていたのは、クラブ勧誘ではなく、セクトの勧誘だった。私が入学した大学の全学学生自治会の主流は、民青系だった。多くの新入生は、自動的にそちらの側に付く傾向がなきにしもあらずだった。

だが、私の属した学科に入ってきた連中は少し違っていた。高校時代から、高校闘争を主導してきた男、小田実《おだまこと》に心酔して「ベ平連（ベトナムに平和を!市民連合）」運動に関わってきた男、バリバリのパリのニューレフト（新左翼）風を装う女、地下組織に近いような、世に言う超過激派に属しているらしい男、ノンセクト・ラディカルを自称する女、直接行動はしないようだが、恋人が全共闘の闘士であることを仄《ほの》めかし、自らはその後方部隊と位置づけていた女、いわゆる心情三派の女等が結構、多かったのだ。

先に触れた、四日市公害で両親を亡くしたXさんも、このクラスの一員だったが、彼女の思考も独特のものだった。「仲良し革命ゴッコみたいでいながら、そのクセ代々木からの上意下達が徹底してる民青はイヤやわ。かというて極左冒険主義的、左翼小児病的で自己陶酔的なニューレフトも、も一つピンとこうへん。……（文化大革命の）紅衛兵《こうえいへい》はアホらしいほど子どもっぽすぎるやんか。毛沢東に利用されてるだけやん。そやけど、造反有理、革命無罪やらのスローガンは何や知らんエエなあと思うてんねん」等々と、彼女を勧誘する諸陣営を前に公言して憚らなかった。

どの陣営も、見栄えのする美形の彼女を、ジャンヌ・ダルクか、はたまたライラ・ハリド（パレスチナ解放闘争等で名を馳せたアラブ系の美人ゲリラ）に仕立て上げたがっている様子は見え見えだった。

クラスには他に、コテコテの民青もいれば、全くのノンポリも、ただのガリ勉もいた。そんな調子だったので、私はクラス委員になったものの、このクラス全体をまとめるのは至難の業だった。

学生たちによる学内民主化と彼らの学外行動

キャンパスには、全共闘系、民青系、その他の立て看が立ち並び、「われわれはー」のアジ演説は学内に響きわたっていた。

しかし、中核と革マルとによる、あるいはその他のセクト同士による血で血を洗うような内ゲバが展開される悲惨な事態には立ち至らずに済んだ。学生と教員とが徹底的に不信感を抱き合い憎しみ合うこともなかった。

なぜなら、当時、この大学学部には、比較的、民主的な教員が多く、学生の学内民主化要求などにも誠意をもって応えるようなところがあったからだ。権威主義、事大主義的な教員は少なく、学科のカリキュラム改革に学生を参加させるといった要求も受け入れられていた。私も学生委員として改革に参画した。

図16　東京教育大闘争

筑波移転に反対しスト決行中の東京教育大（1968年，毎日新聞社提供）

大学内での、こうした改革の動きを微温的、欺瞞的で「ナンセーンス」という向きもあったが、この教員と学生双方の代表が集ってのカリキュラム改革には、全共闘系学生、民青系学生がともに一堂に会したこともあった。

こうした事実をもまた全否定し、学生運動に肯定的な立場を取る教員に対しても「反体制エスタブリッシュメント（反体制側における既成の権威・権力）」として偽善者扱いする向きもあったけれども。

私たち団塊っ子大学生は、よく学外のデモにも参加した。学内の問題は学内でと考えていたこともあって、

図17　デモ行進する学生たち
反安保統一集会（1969年，毎日新聞社提供）

デモのスローガンは、大学固有の問題というより、沖縄返還要求とか、安保粉砕とかいった、国家体制に関わる、より社会的な大きなテーマが多かった。

夜、他大学のデモ隊と合流して、デモ行進をしていると、私たちはカメラのフラッシュの放列を浴びることがあった。すると伝令が飛んできて、「顔を伏せろ、顔を隠せ」といって回っていた。

後で、反省会のような場で、「自ら正しいと信じて行動をしているので、何らやましいところはない。したがって、顔を伏せたり、隠したりする必要はないではないか」と主張したことがあった。

対して、手練《てだ》れの指揮を執る立場の上級

生らから、「甘いぞ。想像力を逞しくしろ。官憲は我々の写真を撮影しておいて、徴兵制を敷いた暁には、写真で照合して、デモ参加の我々をまず召集し、戦場に送るのだ。それくらいのことに思いを至せなくてどうする」と怒鳴られるのだった。

それが事実なのかどうか私には分からなかったが、デモの隊列に向けてフラッシュを光らせるのは、国家権力による学生大衆に対する威嚇であることは明白だった。

学生たちのヒロイズムと寅さんの出現

このころ、周辺では、それまでつけていた日記を廃棄したり、新たに日記を書くのは止める学生が増えていた。他大学に進学し、電話でよく議論を交わしていた男からは、「(自分の)電話は官憲に盗聴されている危険性があるから、微妙な話は電話で話すのは止そう。アパートも危ないから、外の喫茶店で話そう」などという申し出があったりした。

今にして思えば、これらは警戒心の強さや心配性のゆえというより、自分を実像以上に大物に見せたがるような、悲愴なヒロイズムのような心境ゆえに語られたものと指摘することもできよう。ただ真剣に闘争に取り組んでいた当時の学生たちは、それほど、深刻に身辺に身の危険を感じていたことも事実だった。

少なからぬ真面目な団塊っ子大学生たちにとっては、既成の権威・権力に対する反体制闘争の時代だったのだ。企業社会（資本主義）が、公害というようなかたちで矛盾を露呈し、大学という民主的であるべき空間が意外なまでに非民主的な階層社会であること（殊に医学部）が露呈していた時期だけに、純粋な学生たちは、その変革を求めたのだった。「人間としては、優しいとてもいい人だけれども、その人が機動隊員として、ジュラルミン製の楯と警棒を持って自分に殴りかかってきたらどうするか」などというテーマで、至極まじめにクラス討論が行われたりした時代だった。

京都大学を訪ねると、百万遍から東一条に至る塀の内側には、何《メー》《トル》かおきにヘルメットに覆面をしてゲバ棒を持った学生闘士が立って、内外を睥睨《へいげい》していた。彼らは、自らがエリート予備軍であることまでをも放擲《ほうてき》して、完全な「自己否定」の上に、あの場に立っているのだろうかという一瞬の疑念が当時の私の日記に記されている。

この年、一九六九年には、山田洋次監督、渥美清主演で、後、四八作まで続くことになる映画「男はつらいよ」シリーズの第一作が封切られた。これが、全共闘系学生の間でも大変な人気映画になった。

その理由は、以下の叙述に尽きる。全共闘系の学生たちは「フーテンの寅の、経済効率万能の産業社会の論理に背を向け、『頑張らない』で、自然体で生きている有様、ルンペン・プロレタリアート的なバガボンド性、小なりとはいえ、その資産継承権を拒否しているような態度等に限りなく引きつけられていった」（拙著『日本人はなぜ頑張るのか―その歴史・民族性・人間関係―』二〇〇四年、第三書館）のである。

ちなみに、一九六五年以降、学生運動華やかなりし頃に、一八作品が封切りされた伊藤一原作、高倉健主演の映画「網走番外地」シリーズも、団塊世代を中心とする新左翼、全共闘の若者たちに圧倒的な支持を受けた。主演の健さんのかっこよさも然《さ》りながら、主人公の世間から白眼視されながら、己の信ずる道をひたすら歩むアウトロー的な生き方に、自らの生き方を重ね合わせた若者たちも多かった。

そういう私自身、この二つのシリーズは、欠かさず観に行ったものだった。

挫折・優しさ・生産年齢へ、そして定年へ

戦い済んで、夜は明けず

岡林信康は、「友よ、夜明け前の闇の中で、友よ、戦いの炎を燃やせ……夜明けは近い……」と歌っていた。私たち団塊世代も、その歌を学生集会等で唱和しては気勢を上げていた。

しかし、ついに夜明けは訪れないままに一九七〇年後半、七一年、七二年と大学闘争は徐々に終息に向かっていった。「無精ひげと髪を伸ばして、学生集会へも時々、出かけた」（「いちご白書をもう一度」〈松任谷由実：曲、バンバン：歌〉）りしていた連中も、ユーミンの歌詞と順序は逆だが、髪を切って就職活動をして、働く場所を確保して、大学を去っていった。

そのころから、よく聞こえてくるようになったのが、南こうせつとかぐや姫の「神田川」であり、「妹よ」であった。「怒りの世代」だった団塊世代は、変革の夢破れ、挫折感に苛《さいな》まれながら、自ずから「優しさの世代」へと移ろっていった。歌は世につれ、世は歌につれ……とは巷間、よくいわれるところだが、団塊世代の人生行路もまた、その例外ではなかった。

一九七〇年代に入って、学園内での闘争が弱まっていくのに反比例するように、超過激派の動きは尖鋭化していった。七〇年三月、大阪で万国博が開催されたのを、待ち受けていたかのように、その直後、赤軍派の田宮高麿ら、九名の学生たちが日航機をハイジャックして、韓国ソウルで乗客を解放した後、北朝鮮平壌《ピョンヤン》に入った。

五月、米軍はベトナムで一旦、中止していた北爆を開始した。それに対して、アメリカ合衆国内では、全国で学生たちによる反戦デモが激化、この混乱のなかで州兵がデモ隊列に発砲、四人が射殺される事件が起きた。同事件が、あのコロンビア大学を舞台にした映画「いちご白書」のモティーフになった。

三島由紀夫の死

六月、日米安保条約を自動延長する旨の政府声明が出され、対して全国で反安保集会、行動が盛り上がる。学生と労働者、市民の連携もみ

図18　家永三郎
筑波移転反対闘争が最終局面にさしかかっていた頃，研究室にて．

られた。この時は、大学闘争との関連のなかで、大勢の団塊っ子大学生たちが学外に出て、労働者や市井の人々等と連帯しつつ反体制的な運動に主体的に参画した最後の大きな山場だったと位置づけられよう。

　翌七月には、先に触れた家永三郎東京教育大学教授が国を相手取って提訴した教科書訴訟（第二次）で、東京地裁は、家永教授著の教科書に対する検定は憲法（および教育基本法）違反と明言する画期的な判決を言いわたした。世に杉本判決として名高い。教育の民主化を推し進めようとする人々を勇気づける判決だった。

　家永教授自身も、「私の訴えを支援してくれる多数の人たちがいることや、法曹界にこのような公正でリベラルな人物がいることは、日本にとって大いなる救いです」と述べている。また多くの人々から、「家永先生、頑張って！」と励まされたと苦笑交じりに語ってくれた（家永教授との個人的な語らいのなかでの氏の発言）。

この年の締めは、何と言っても一一月末の三島由紀夫の割腹自殺だった。東京、市ヶ谷の自衛隊東部方面総監部で、自衛隊に決起を促す演説をした後、三島は割腹、楯《たて》の会《かい》の森田必勝に介錯《かいしゃく》させて果てた。

これは、三島の個人的な美学の貫徹にすぎず、何ら大勢に影響を及ぼすものではなかったはずだ。しかし、この喜劇的悲劇の自作自演者が、年齢層を問わず、その華麗な文筆ゆえに多くの愛読者を有する人気作家だったことが波紋を広げた。しかも彼は、近未来のノーベル文学賞候補者に擬せられていたのだ。

右翼の側における、こうした動きに鋭く反応したのは、他の右翼ではなく、新左翼だった。組織的でもなく、実質的には、さほど大きな影響を後に残さないであろうとは思われたが、一人プラスαの少人数の決起で、右翼の存在を広く世の人々に知らしめたという点では、この三島の割腹事件の効果は絶大だったからである。

新左翼の陣営には、自分たちの陣営は三島由紀夫一人にしてやられた……、三島一人の行動に匹敵するような顕示的な行動を世に示すこともできなかった……というような無力感が流れた。

一九七一年がすぎ、一九七二年に入ると、一月にはグアム島で、元日本兵の横井庄一さんが発見され、二月早々に帰国を果たした。戦争の酷薄さを予期もできなかったところから照射されたような気がして、「戦争を知らない子どもたち」である団塊世代は彼の言動を凝視した。

横井さんが話題になり、札幌で開催された冬季オリンピックが話題になったのを、吹き飛ばすかのように世間の耳目を引いたのが、二月に起きた浅間山荘事件だった。

超過激派の論理

連合赤軍が浅間山荘に人質を取って立て籠もった。包囲する警官隊との間で銃撃戦が展開された。京浜安保共闘と赤軍派との連合部隊だった。組織の先細りに危機感を覚えた両派が野合した等の推測がなされるが、なぜ、この両派が結びついたのか、真実のところは分からない。テレビが、立て籠もり事件の模様を事細かに報道するので、本質を離れたところで、この事件はお茶の間の恰好の話題になった。

その後、連合赤軍内部のリンチ殺人事件も明らかになり、人心は超過激派から離れていった。吉野雅邦らのような良家出身の団塊世代の秀才たちが、なぜ、このような突き詰めた行動を展開することになったのか……。ほぼ同世代の若者たちが引き起こした事件であるだけに、団塊世代の私たちは無関心ではありえず、この事件に関して、さまざまな機会による議論した。

世間から完全に孤立したがゆえに、元々、理念も異なるふたつの組織の合体であるだけに、自らの内部の人間関係にも常態的に疑念を持ち、次は自分かもしれないという恐怖感に苛まれながら、やらねばやられるとばかりに、次々に仲間に総括を強い、自己批判させ、死に追いやっていったのだろうなどと、リンチ殺人事件を分析したりした。

彼らは、どこまで人民大衆の至福を考えていたのだろうか、彼らが万一、権力の座に就いたとしたら、どんな社会が現出したのだろうか、彼らの理想とする社会とは結局、どのような社会だったのだろうか等々にも議論は及んだ。

日本赤軍の幹部で長らく闘争の場をアラブ諸国に移していた元明治大学生の重信房子は、理想の社会が実現したら、子どもが好きだから幼稚園の先生になりたいと言っていたという（かつて彼女と接触があったという新左翼系の人物の話）。その胸に描かれた理想の社会とは、どんな社会だったのだろうか。

一九七二年五月には、沖縄の施政権が日本に返還された。日本の旧左翼も新左翼も保守陣営も沖縄の本土復帰を願っていた。しかし、明治新政府発足後、琉球処分というかたちで日本国に編入されたという意識を持つ沖縄の人々の心境は、本土の日本人の気持ちとは全く違うものだった。

大国間の都合による沖縄の施政権の返還

二〇〇二年五月、沖縄本土復帰三十周年が本土で喧伝されていたころ、ちょうど沖縄を訪れていた私は、現地のあまりに覚めた様子を目の当たりにし、改めて七二年の沖縄の施政権の日本への返還に関して問うてみた。案の定、「あんなものはまやかしだった」といった見方の人が多かった。「意味ない」とまで言い切る人もいた。

太平洋戦争末期における沖縄の地上戦によって、老若男女を問わず多大な住民が犠牲になった沖縄は、戦後、日本の独立後も、アメリカ合衆国によって統治され続け、土地を奪われ、米軍基地にされるという憂き目に遭ってきた。

沖縄では、そうした沖縄の人々の苦難を、本土の人々は見て見ぬふり、きちんと知ろうとしない、知らんぷりという見方に基づく不信感が根強く存在している。

であるから、沖縄独立論も根強い。今でも多くの沖縄の人々にとっては、自分たちは「ウチナンチュ」であり、本土の人間は「ヤマトンチュ」なのだ。ちなみに、移民研究の分野においても、「オキナワン」、「ジャパニーズ」と両者を区別して論ずる向きもある。

後日、移民研究との関連で沖縄を訪れる度ごとに、学生時代の一時期、「沖縄を返せ、沖縄を返せ」「民族の怒りに燃ゆる島、沖縄よ」等と歌いながらデモ行進の隊列に加わっていた自らの単純素朴な思考を顧みざるを得なかった。

たしかに、多くの米軍基地はそのまま温存され、植民地以下のような状態のままでの施政権の返還だったのだ。いまだに、その弊害は後を絶たない。

七年余の長期政権を誇った佐藤栄作は、この「沖縄返還」を花道として退陣し、田中角栄が後を襲った（七二年七月）。

田中内閣発足直後、団塊世代を始め、若者たちに大きな影響をあたえることになる文化情報誌『ぴあ』が創刊され、圧倒的な支持を受けた。文化風俗面で、一九六四年創刊の『平凡パンチ』や一九六五年放送開始の「11PM」等とともに、団塊世代にとっては、忘れられないメディアとなる。

田中政権の下で、戦後長らく懸案となっていた日本と中国との国交正常化がようやく実現した。中国で、今でも田中や、当時の外相、大平正芳《おおひらまさよし》の評価が高いのは、まさにこの一件のゆえである。

図19　東京教育大学構内（1975年）
戦いの日々が終わり，日が落ちゆく東教大キャンパス．

ネス湖怪獣国際探検隊、そして石油ショック

一九七三年二月、筑波大学設置法案が閣議決定、七月には自民党が参議院で同法案を強行採決、九月には筑波大学法が公布され、手回し良く、移転推進派だった三輪知雄元東京教育大学長が筑波大学初代学長となり、一一月には筑波大学発足の運びとなった。

この間、移転に反対だった東京教育大学文学部教授会や広範な学生の意見はことごとく排除された。事態が最後の局面に近づいていたころ、家永三郎教授の研究室で、師と語らっていた時、大学正門付近から、「学内の学生諸君、我々の筑波移転反対闘争に、〇〇大学、△△大学、××大学から、大勢の同志が支援に駆けつけてくれたことを報告するとともに、ワレワレわあ、さらなる闘争を……」という大音声が聞こえてきた。移転反対闘争最後の盛り上がりだった。

闘争が終焉に向かうなかで、心に空白が生じていた私は、偶然のきっかけで、ネス湖怪

獣国際探検隊の一員となった。しばし現実から逃れたい、日本から離れたいという願望の介在は明らかだった。

これは、スコットランドのネス湖で目撃証言が相次いでいた「ネッシー」と称される未確認遊泳物体の正体を突き止めることを目的とした探検隊だった。「ネッシー」は、恐竜プレシオザウルスに近似した大型の動物ではないか等と噂され、ロマンをかきたてていた。

隊員には、シカゴ大学准教授や英国会議員秘書、水中写真家、ダイバー、冒険好きの作家や大学生に加えて、「火の玉勘十」こと加藤勘十と加藤シズエの娘とか某放送局のアナウンサーなどがいた。チーフ・プロデューサーは呼び屋の康芳夫、総隊長は石原慎太郎という、革新、保守が混然と入り交じった珍妙な国際探検隊だった。

私は、丘回りの聞き書き調査担当となり、ネス湖の周囲の村や町を巡って、フィールド・ワークを行った。その合間には、白馬に乗ってヒースの丘を駆け巡った。明らかに現実からの逃避ではあったが、スコットランドという異郷の地における非日常性は、紛れもなく私の心を和ませ、癒してくれた。

この隊は、日本の高度経済成長期の最後の小さなあだ花といってもいいような存在だった。ささやかな「遊び心」と無駄遣いが許された日本最後のお遊び探検隊だった。

図20　ネ　ス　湖
アークハート古城の高台から望む．

私が、隊員として英国に滞在していた時に、石油ショックが起きた。華麗で、きらびやかなはずのロンドン市街は、必要最小限の明かりを残して、暗かった。以後、日本でもこのネス湖探検隊のような浪費はけっして許されなくなる。

イギリスで観るＢＢＣテレビのニュースには、日本で、主婦が洗剤やトイレット・ペーパーの買いだめに狂奔している姿が写し出された。日本における高度経済成長の終わりを告げる一コマだった。

第二次、第三次と、探検隊は継続するはずだったが、もちろん、こんな遊びに寄付してくれる企業、個人等は皆無となり、あえなくネス湖怪獣国際探検隊は第一次のみで終わった。石油ショックという得体のしれない大きな怪物は出現したが、とうとうネス湖の怪獣は出現しなかった。

団塊っ子大学生たちの卒業、そして現実社会へ

一九七〇年代初めの数年間のうちに、団塊っ子大学生たちは、次々に学窓を後にして、各々、それぞれに生産の現場等に活動の場を移していった。

多くは、三年生後半から四年生ともなると、人によっては心ならずも、人によっては至極当然のこととして、現実と妥協して、企業の就職試験や公務員試験、教員試験等を受けたりして、生きる糧を得るための場を確保する努力を始めた。

そうしたなかで、大学院進学希望や教員志望の学生たちのうちには、先に触れた研究職のCさんや高校教員Fさんのように、企業社会には取り込まれたくないという意識を宿す人も少なくはなかった。

もちろん、団塊っ子大学生のなかにも、さっさと転身する学生も多かったし、もともと大学をステップ・アップの場とのみ捉えている学生もいた。そういう一群が一番悩みもなく、傷つくこともなかったようだった。

ごく少数の人々が、あくまで現実との妥協を潔しとせず、人知れず苦難の道を歩むこと

になる。「あいつは地下に潜ったらしい」などと噂された人物もいた。こうした元同級生、元同窓生等とは連絡が取れなくなってしまっている場合が多く、自ら生を断ってしまった人もいた。

団塊っ子大学生たちの卒業とともに、キャンパスは静かになり、高度経済成長期を終えた日本社会もまた静かになっていった。

社会人としての団塊世代、そして「ニューファミリー」

彩り豊かな世相のなかで、団塊っ子大学生たちの多彩な人間模様がキャンパス内外に展開したのは一九六〇年代末期から七〇年代初めだった。

このころまでは、多彩ながらも、なにがしかの共通項をもって語ることのできた団塊世代（正確に言うと、同世代のうちの団塊っ子大学生たち）も、以降は、生産年齢となり、それぞれの持ち場で、それぞれの人生を歩み始める。

今度は、それまでとは逆に、あまり多彩とはいえなくなるが、共通項で括ることは難しくなる。各々の団塊世代が、生産の場で、家庭で、それぞれなりに地道に自分の道を歩んでいくことになるからだ。したがって、一九七〇年代初め以降の団塊世代の生産年齢においては、この世代を一つの塊として論ずることに格別の意義を見出すことはできないのである。

マスコミの喧伝等におもねって、「ニューファミリー」世代などと称して団塊世代を恣意的に一括りにすることは不可能ではないが、それに格別に大きな歴史的意味を付与することはできない。が、敢えて、この用語に関して一言だけ付言しておこう。

団塊世代にあっては、それ以前の世代では主流だった、「お見合い結婚」に代わって「恋愛結婚」が盛んになったといわれる。キャンパスで知り合った同級生同士や先輩後輩が結婚する「友だち夫婦」が数多く誕生したことも事実だ。

それが、夫婦や家族のあり方を変える力になったことは確かである。見合いでは、男の方が三、四歳年上が望まれていたが、恋愛では、ほぼ同年輩が多くなる。それに伴って、日本では戦後も、儒教的社会規範のもと、男性主導の「家族」運営が一般的だったのが、「家庭」の運営に関して女性の力が強まったこと等々の変化が出現したことは否めない。

畢竟するに、「ニューファミリー」とは、核家族化が進行し、「友だち夫婦」が増えるなかで出来《しゅったい》した「大いに女権が拡張されたファミリー」といえよう。

奇しくも、団塊世代からは、女性学の第一人者にして、女権拡張論者の上野千鶴子東大教授らが輩出している。彼女は、七〇年安保闘争で亡くなった京大生、山崎博昭さんの同級生で、彼の死に大きく魂を揺さぶられた当時の大学生の一人だった。

ともあれ、「ニューファミリー」「友だち夫婦」云々は、家族史や家族社会学のテーマとはなりえても、団塊世代論や同時代史としての団塊世代を論ずる際の重要テーマとはなりえない。

歴史的に、再度、この世代を一塊りとして論ずる必然性の出来は、彼らが定年を迎える時期まで待たなければならないのである。

生産年齢から定年、そして定年後へ

団塊世代が生産の中核にあるころには、男女雇用機会均等法も公布（一九八五年）されている。これは、ザル法といわれながらも、男女平等に向けての一里塚となった。団塊女性で、この恩恵に預かっている人は少なくない。

身近なところで団塊女性を見渡してみても、専門職を得、精力的に働き、仕事でも家庭でもイニシャティブを取っているような闊達《かったつ》な女性が多い。

それでいて、それぞれにエッセイ、水彩画、油絵、水墨画、フルート、ハープ、バイオリン、フラダンス、フラメンコ等々と、余裕をもって趣味に打ち興じている。

定年後は、団塊女性の方が、仕事一筋だった団塊男性よりも、ずっと華やかで楽しそうであろうことが予測できようというものである。

先の聞き書き調査の結果を見ても、大学卒業後に関する団塊世代（ことに男性）の自画像は、学生時代までのそれに比べて生彩を欠くきらいなしとしない。先述のような作家B氏の「団塊世代は大学闘争までで終わり……」という発言が現実味を帯びてくるのだ。

それぞれに何らかの意味で生産の場に属し、時折、斜に構えて「こと志に反して企業社会の論理に取り込まれてしまった」などと嘆息するものの（こんな嘆息とは無縁の団塊世代も、もちろん多いが）、けっこう懸命に働き、それぞれに結婚し、人の子の親となり、やがて激しい競争に打ち勝って中間管理職になり（もちろん、そうはならなかった人もいるが）、その立場上、上下の板挟みになって辛酸を舐《な》め尽くし、忙しい毎日のなかに埋没して、持病の一つ、二つも抱えながら、あれこれ、そうこうしているうちに、あっという間に定年年齢に達したという感想を漏らす団塊男性が多かったのである。

「三つわ世代」あるいは「3W世代」か？

中堅企業で部長を務める団塊世代のYさん（男、一九四八年生）は、手短に自らの半生を総括してくれた。

「結局、俺の人生って、すべての面で中途半端だったような気がする。大学紛争への関わりもそうだった（「紛争」という称し方にすでに彼の大学闘争へのスタンスが明示されている）。就職も一流企業には行けず、極端に貧しくはなかったけど、さほど裕福でもなく、結婚して、子どもも二人できたけど、女房との人間関係（主として性生活）も満足というにはほど遠かったしな。今や、完全なセックスレスだよ。バブル経済期（一九八〇年代半ばから九〇年代初頭まで）に旨味を味わうこともなく、むしろ、その割を食って、高いローン金利で、高いマンションを買わされて、返済も済まないうちに定年だよ。そしたら今度は二〇〇七年問題とかいって問題児扱いだしなあ。割の合わない侘びしい人生だったような気がしないでもないよ」。

このYさんの発言に触発されて、私は団塊世代を、「三つわ世代」あるいは「3W世代」と命名した。三つの「W（わ）」すなわち、「割の合わない、分かってもらえない、侘びしい世代」である。これは、団塊世代全体をカバーするものではないが、ことに団塊男性の一部にはものの見事に当てはまる呼称であろう。

折々、登場してもらっている団塊世代の高校教師のFさん（女、一九四九年生）はいう。「老後は、男より女の方がずうーっと充実してるわよ。趣味もちゃんと以前からやってるし（ちなみに、Fさんは書道、ギター、油絵が得意）、女の方がおしゃべりする友だちや一緒に旅行する仲間も多いし、色々と助け合えるしね。女の方が、しなやかな生き方ができるんじゃないかしら」。

ちなみに、団塊男性で老後は「夫婦でいっしょに暮らしたい」と望んでいる人は九四・九％に上るのに対し、団塊女性では八五・三％に止まる。団塊男性では、六一・九％が老後も「収入を伴う仕事がしたい」と考えているのに、団塊女性では、その志向は四〇％を下回る（二〇〇三年、東京ガス都市生活研究所と住宅生産団体連合会の共同調査、質問紙郵送法、団塊世代三六八三人＝ただし、ここでは一九四六年〜五〇年生まれを団塊世代としている）。

こうしてみると、団塊男性の老後は、家庭生活では妻に頼る傾向が顕著で、相変わらずあくせくしていて、老後を悠々自適で過ごすというふうではなく、何となく中途半端な灰色の老後になりかねない気配なきにしもあらず。対して団塊女性の老後は、何となく生気がみなぎったバラ色の老後になりそうな気配が濃厚なのである。

団塊男性は、より良い老後のために、意識改革が必要かもしれない。

日本人の頑張り・団塊世代の頑張り

周縁国家ゆえに頑張る日本人

周縁としての日本、中心としての中国や西欧諸国他

日本は有史以来、政治的にも、経済的にも、文化的にも周縁的な存在であり続けた。それゆえに常に、その時々における日本にとっての政治的・経済的・文化的な中心的存在を志向し続けてきた。すなわち、周縁としての日本は、その折り、その折りの中心から、諸々の文化文明を摂取し、その中心に追いつけ追い越せとばかりに頑張り続けてきたのである。

その流れを鳥瞰しておこう。原始古代においては、日本は世界に冠たる中国文明を誇った古代中国王朝である漢《かん》、隋《ずい》、唐《とう》等から、文字、宗教、法制、都城、その他、ありとあら

ゆる面での文化を摂取し、自らの文化的力量を高めていった。

中世に至ってもしかり、為政者たちは、中国との交易を独占し、富を蓄えるとともに、自らの文化的優位を確立していった。古代最末期、大輪田泊《おおわだのとまり》を拠点として対宋貿易に力を入れた平清盛しかり、対明勘合貿易を推進した室町幕府第三代将軍足利義満《あしかがよしみつ》しかり。

中世末、一六世紀半ばになると、南蛮諸国が、忽然として日本にとっての中心的存在となる。一五四三年（天文一二）、ポルトガル船が種子島に鉄砲をもたらしたのが、その嚆《こう》矢《し》といえよう。時あたかも戦国時代の真っ只中というタイミングもあり、鉄砲は燎原《りょうげん》の火の如く広まっていった。その後、新しい物好きな織田信長や豊臣秀吉が天下人となり、南蛮人を優遇し、南蛮文化摂取に大いなる関心を示したことは周知の通りである。

近世に入って、徳川政権下、長らく日本は鎖国をすることになる。その間、日本にとって、貪欲に文物や知識を吸収すべき中心的存在の国は消失する。それでも、オランダ、清《しん》、朝鮮王朝、琉球王国との細々とした交流は続いた。二百数十年にわたって日本が鎖国をしている間に、西欧諸国は産業革命、ブルジョワ民主主義革命を成し遂げ、強大な近代国民国家を作り上げ、資本主義的な生産様式を確立させていった。

であるから、幕末における開国そして明治維新以降の周縁国家、日本の前には、既に近代化を成し遂げた西欧諸国という、とてつもなく大きな中心的存在が姿を現すことになる。以後、近代日本にとっての中心的存在は、西欧諸国となる。西欧に追いつき追い越せと、ひたすら頑張って、日本は近代化にこれ努める。その結果、多くの歪みを生じながらも、日本は非西欧諸国のなかでは、唯一、スムーズに近代化に成功する。

これも、日本が常に周縁文化の国であり続け、折々の中心を志向して、その文化を高めてきたという歴史的伝統のゆえといえよう。

○○化の連続としての日本の歴史

果たせるかな、日本よりよほど早く近代西欧文明に接していたインドや中国は、かつて自らが世界に冠たる文化文明を築き上げた経験があり、その実績と誇りは西欧文明何するものぞといった矜持を彼らの心中にもたらし、易々《やすやす》と西欧近代の果実を吸い取って近代化を成し遂げることを潔しとはしないような意識を形成していた（それこそ、自らこそが世界の中心であるという中華思想といえよう）。

そうした意識が、インドや中国が、西欧流の近代化に乗り遅れる内在的条件の一つとなったことは明らかである。もちろん、それにはイギリスの植民地政策等々の外在的条件も、複雑に絡み合っていたことはいうまでもない。

日本は周縁であったがゆえに、常に中心の文化文明を摂取することが習い性となっていたからこそ、物質的な面においてのみではあったが、西欧を模倣して割合に手際よく近代化に成功したのだった（もちろん、これには江戸期における日本文明の質の高さ、相当な資本の蓄積等の内在的条件も預っていることは言うまでもない）。

このように、日本は原始古代から近代に至るまで、常に周縁的存在として中心的存在の国を志向して、頑張ってその文化文明を摂取し、自らの文化文明を高めてきた。

その経緯を私は、日本の常なる○○化（○○ナイゼイション）の歴史として捉えている。すなわち、原始古代においては中国化（チャイナイゼイション）、中世においても中国化、中世末における南蛮化（ナンバニゼイション）、そして近代における西欧化（ウェスタナイゼイション）である（この辺りに関して詳しくは拙著『「頑張り」の構造―日本人の行動原理―』〈一九八七年、吉川弘文館〉、『日本人と国際化』〈一九八九年、同前〉、『日本人はなぜ頑張るのか―その歴史・民族性・人間関係―』〈二〇〇四年、第三書館〉等を参照されたい）。

この○○化の歴史は、現代史にも受け継がれる。すなわち第二次世界大戦敗戦後の周縁国家、日本は、新たな中心的存在、アメリカ合衆国を見習って（あるいは、見習わされて）アメリカ化（アメリカナイゼイション）の道をまっしぐらに歩むことになるのだ。

高度経済成長と団塊世代

巷間ではよく団塊世代は、高度経済成長の戦略的・頭脳的な担い手として、中核となり頑張ったというような評価がなされる。

たとえば、今日的な用語に関するオピニオン・リーダー的存在の一つ、『イミダス』にしても、「日本の高度成長を担ってきた『団塊の世代』……」（二〇〇六年、集英社）といった記述をしている。同様の『現代用語の基礎知識』にも団塊世代に関して「……戦後日本の高度成長を支える貴重な労働力……企業戦士としてモーレツに闘い……」（二〇〇六年、自由国民社）などという叙述が見られるのである。

堺屋太一も、「団塊の世代が高度成長を支えた」（「一〇〇〇人に聞く団塊の素顔」二〇〇七年一月八日放映、ＮＨＫ）と明言して憚《はばか》らない。「……団塊世代の男性たちは、戦後の復興から高度成長期をつくりあげた『企業戦士』に続き、高度成長期から安定成長の達成を『会社人間』として支えてきた。会社への思い入れは、団塊以降の世代に比べて強く、家庭や地域、『個』としての生活は二の次だった」（松島悦子「『会社人間』の自立は、『個』としてのネットワークづくりから」二〇〇四年、前掲の東京ガス都市生活研究所調査に基づくレポート）云々といった類の叙述もよく目に付くところである。

団塊世代は「……競争心と日本的仲間意識や集団行動を編み出し（た）……日本経済高

度成長のエンジン」（森真一「市長からの手紙」『広報かかみがはら』二〇〇六年一月一五日）だったと語るような論者も少なくない。

けれども、こうした見方は、先にも触れたように、そしてM氏らも指摘するように俗説にすぎない。けっして事実ではないのである。

団塊世代が、社会人として高度経済成長の巷に躍り出たのは、中卒の団塊世代なら、一九六三、六四、六五年ごろ、高卒の団塊世代なら、六六、六七、六八年ごろである。すなわち、中卒団塊、高卒団塊の人々が、それぞれ学校を出て、就職したころはたしかに高度経済成長華やかなりしころではある。

しかし、彼ら、ことに中卒団塊の人々は、「金の卵」などと持ち上げられ、大都市の企業に集団就職し、最底辺労働力として、高度経済成長に大いに貢献した存在ではあっても、戦略的・頭脳的な担い手だの、中核だのというような存在ではありえなかった。高卒団塊の人々にしても、中卒よりは恵まれていたにしても、中核的存在などではありえなかった。

中卒団塊、高卒団塊の人々のなかにあって、高度経済成長の戦略的・頭脳的な担い手になった数少ない例外的存在はあるにせよ、圧倒的多数はそうではなかったのだ。

そうして、大卒の団塊世代だと、一九七〇、七一、七二年ごろ、大学を出て就職していったわけだが、すでに、このころは高度経済成長期の最末期である。そのころに、新たに職場に参入したばかりの新人社員が、企業の技術革新、拡大再生産、事業拡張、広報戦略等に関する頭脳的な担い手、まして中核などにはなりようがないことは明々白々である。

つまるところ、中卒団塊であれ、高卒団塊であれ、大卒団塊であれ、当時は昨今以上に、日本社会がまだまだ強固な学歴社会であったこと、まだまだ年功序列を重視する社会であったことに鑑みるならば、高度経済成長の中核的な担い手などではありえなかったことは、明白なのである。

敢えていうなら、中高卒の団塊世代が高度経済成長を底支えしたということだ。

このことを、ここで再確認しておこう。歴史を構築するなかでは、俗説は排されなければならないから。とともに、なぜ、そのような俗説が跋扈《ばっこ》していたかを検証することも必要ではあろう。

「団塊世代が『会社人間』として、高度経済成長の中核的な担い手であった」という俗説の因《よ》って来るところは、この世代が多数であり、いつも多数であるがゆえに注目され、揶揄《やゆ》され、ステレオタイプ的に規定されてきたところに存する。

団塊世代は、「空前絶後の多数で、すし詰め教室、受験競争社会のなかを生き抜いた、頑張ることや集団主義的行動を得意とする、「大学闘争世代」といったステレオタイプ化されたイメージが一人歩きしているうちに、ついには、彼らの少年期後期から青年期前期と期を同じくする高度経済成長の中核的な担い手にまで、誤って擬せられてしまったのではないだろうかと私は考えている。

「団塊世代」再考

「団塊世代」と言われたくない

プロローグで、拙稿の新聞コラムを提示して、団塊世代を「団塊世代」と一括りにして捉えないで欲しいと述べた（といいながら団塊世代論を展開するのは、一見、矛盾した言動のように思われるかもしれないが、そうではないことは先述の通りである）。

実は、これは一人、私のみの見解ではなく、多くの団塊世代の意識でもある。同世代の人々に聞くと「団塊世代と一括りにされて論じられるのは不愉快」という意見は極めて多い。一九四九年生まれの映画界の鬼才、崔洋一監督も「団塊と一括りにして考えないで欲しい」といった旨の発言をしている（前掲「一〇〇〇人に聞く団塊の素顔」）。

団塊世代に属する人に、「あなたは『典型的な団塊世代の人』といわれたらどんな感じ?」と発問すると「うれしい」という返答はわずかに九・一%、「どちらともいえない」が六五・三%、「うれしくない」が二五・五%という結果が出ているのだ（豊田裕貴「典型的団塊イメージを『リセット』」二〇〇四年、先の東京ガス都市生活研究所調査より）。

団塊世代の自己イメージは「責任感のある」五一%、「まじめな」六四・五%、「分別のある」三四・四%、「親しみやすい」三四・七%、「好奇心旺盛な」三三・一%等々、自己肯定的なものが多い（同右調査）。

しかし、他世代からは必ずしも、そのように好意的には見られていないことは、先の私の調査結果からも明らかなのである。他世代から、必ずしも好意的に見られているわけではなく、しかも、その見られ方がステレオタイプ的に、一括りにされてしまったようなものだったとしたら、団塊世代が「団塊世代」と呼ばれることに抵抗を感じるのは至極、当然といえよう。

団塊世代が、他世代からあまり良いイメージをもっては見られていないことの原因は、個々の他世代の個人的な付き合いや体験に基づくこともあろう。個々の団塊世代の性向によることもあろう。しかし、それらとともに、団塊世代のイメージを悪くしている原因は、次のような識者たちの「団塊世代」評によるところも大きいのではないだろうか。

堺屋・宮台・市川らの「団塊世代」評

「団塊の世代」の名付け親である堺屋太一は、団塊世代は「従順」で、「団塊の親たち、団塊の兄姉たちが作った戦後のコンセプトに対して非常に忠実で、疑問も持たない。団塊の兄姉たちは安保騒動の時に『岸内閣を倒せ』と叫んで体制変更の議論をした……。団塊の学園紛争では……『学園のここが悪い』とかで、『佐藤内閣を倒せ』と言ったやつはいない……。全体の大きな体制に対しては極めて従順な世代。みんなが塊として行動した……」云々と決めつける（堺屋太一他「団塊世代の老年格差社会」『中央公論』二〇〇五年一一月号）。

名付け親にして、このような事実誤認も甚だしい、いい加減な「団塊の世代」評を公言するのである。こうした事実に反する無責任な発言によって、団塊世代と他世代との世代間ギャップが増幅する弊害は計りしれない。

宮台真司首都大学東京准教授は、団塊世代は「いまだに、日の丸に一体化する輩が右で、赤色旗に一体化する輩が左だ、といった稚拙な認識のまま。……右も左も、国家だ、党だ、と大いなるものに寄りすがる腰抜けばかり。既成図式に寄りかかって思考停止に陥る輩しかいない。……利他のフリをしたエゴイスト……ノリだけ……」（宮台ブログより）云々と、言いたい放題、団塊世代を罵倒する。堺屋や宮台らは、団塊世代が担った全共闘運動は、既成の国家体制の変革をめざしたのみならず、既成の革新政党に対しても、それらを反体制エスタブリッシュメントとして厳しく批判していた事実の認識すら欠落させている。よほど宮台の交友範囲内の団塊世代の人々に、「稚拙な」「腰抜け」が多かったのだろうか。それにしても、社会学者とも思えない、それこそ思考を停止させたような客観性に欠ける、こうした指摘には、まともに反論するのも時間の無駄というものだろう。

とはいえ、こうしたエキセントリックな説が一人歩きをして、他世代の団塊世代イメージ形成に関与する可能性は皆無ではない。とすると、これは徒《いたずら》に世代間の不信感を増幅させ、世代間対立、社会不安を煽《あお》る俗悪な説といえよう。そのことだけは指摘しておかねばなるまい。

市川孝一文教大学教授は、団塊世代は「別名、『全共闘世代』とも呼ばれ、その後成長する過程の節々で何かと問題を引き起こすことになる世代でもある」（市川「戦後生活史と日本人の生活意識の変容」『現代のエスプリ』三四一号、一九九五年、至文堂）という。何を根拠に、団塊世代は折々「何かと問題を引き起こす」などというのだろうか。団塊世代の人々からすると、名誉毀損で訴えたくなるような論拠に乏しい規定といえよう。

このように、ともかく団塊世代は何故か悪くいわれがちな因果な世代なのだ。

さらには、団塊世代の極めて可視性の高い人物たちのなかにも、「誤った」と言って言いすぎなら、「偏った」自己の団塊世代イメージを世間に広めている人がいる。

「極端な経済主義者」などではありえない

寺島実郎日本総合研究所会長などがその代表格である。彼は、団塊世代を、「極端な経済主義者にして、私生活主義者であり、よりよい生活を希求するという一点において価値観の一致を見出すことができる世代」というように規定する（寺島『われら戦後世代の「坂の上の雲」』二〇〇六年、PHP研究所、初出は『中央公論』一九八〇年五月号。後、寺島『団塊の世代わが責任と使命』所収、一九九九年、PHP研究所）。彼自身の志向がそうであり、彼の周辺の団塊世代経済人がそういう志向を有しているのであろう。しかし、これが、団塊世代などと言い募られては、多くの団塊世代は戸惑いと不満と不快感を隠せまい。

こうした団塊世代の規定、イメージが前面にでているからこそ、団塊世代の人で、「典型的な団塊世代」といわれたらうれしいという人は、九・一%に止まるのである。

「極端な経済主義者」は、寺島自身やその周辺であったとしても、団塊世代の多くは、良きに付け悪しきに付け、むしろ非「経済主義者」だったのだ。一つ例を示しておこう。

団塊世代は退職後の資産計画をどう考えているかを知るための全国調査の結果、「必要な生活資金の半分も確保するメドが立っていない人が五〇％以上」「『退職後のための資産運用を何もしていない』との回答が三人に二人」（二〇〇六年、フィデリティ投信調査、『朝日新聞』二〇〇六年九月一二日付夕刊）だったのである。この一例を取り上げるだけでも、団塊世代が「極端な経済主義者」ではないことは明らかといえよう。

堺屋はいうまでもなく、松島や寺島のような偏った団塊世代の規定やイメージが、巷間、一人歩きしてしまったためであろう。団塊世代は、日本株式会社に忠誠を誓う「会社人間」として、「経済効率万能主義」の信奉者として、会社のために身を粉にして「頑張った」というような伝説めいた話が世間に流布している。

遮二無二「頑張る」世代だったのか

果たして、実際にそうだったのだろうか。これは、先に俗説として退けた、団塊世代が高度経済成長の担い手だったという説と表裏一体をなす俗説といえよう。

一九六〇年代末、すなわち長く続いた高度経済成長がようやく終わりに近付こうとしていた頃、あたかも、その成長を一日でも長く継続させようと意図するかのように、かのモ

図21　丸善石油ＣＭ

ーレツ特訓が各会社で流行した。その所産が「モーレツ社員」である。この風潮に乗って、一九六九年、松尾ジーナを起用した丸善石油のＣＭ、「オー、モーレツ」が大ヒットした。時は、まだ大学闘争の真っ只中だった。団塊世代は、闘争の中核として、あるいはセクトに属し、あるいはノンセクト・ラディカルとして活動し、あるいはノンポリとして肩身の狭い思いをするなり、闘争など、どこ吹く風と知らぬ顔の半兵衛を決め込んでいたりしていた時期である。

学窓のなかでそれぞれに呻吟していた、まだ大卒にもなっていない団塊世代が、「モーレツ社員」になれるわけがなかった。中卒の団塊世代、高卒の団塊世代はすでに社会人になってはいたが、その大多数は、「モーレツ社員」に擬せられるような立場になかったことは先述の通りである。

企業戦士、モーレツ社員と揶揄されながら、高度経済成長のために、ひたすら頑張っていたのは、実は団塊世代より上の世代だったのである。会社の上下関係のなかで、このプレ団塊世代が、高度成長の火を消すまいとして、その最後の局面で、団塊世代を叱咤激励、頑張らせたという構図は存在していたかもしれない。

日本人の「頑張り」

私は、「頑張る」ことを、日本人のコア・パーソナリティー（核性格）の一つとして捉えている。さまざまな局面で、善し悪しは別として「頑張る」ことは、日本人の特徴的な民族性の一つであると考えている。この際の「頑張る」とは、「短期的、集中的に、ある一つのことがらに精力を傾注すること」といったほどの意味合いである。

世界各地における日本人移民や日系人の言動を分析すると、「頑張る」ことによって、自らの「日本人としてのアイデンティティ」を確立しようとしていたことが明確にみえてくる。

詳しくは、前掲拙著『「頑張り」の構造』等に譲るが、私は、日本人が外来種であるイネを日本に根付かせ、それを主食とするために、水田稲作農耕を主たる生業としたことを淵源として、日本人は「頑張る」性向を有するようになっていったと考えている。

その後も、先に述べたように、周縁国家、日本は、常にその折々の日本にとっての中心的存在から、自分たちよりずっと高度に発達した文化文明を吸収しようと懸命な努力を続けた。これを私は、「中心的存在（○○）を志向しての周縁国家、日本の○○化の連続の歴史」と措定するのである。

これは、日本史において、原始古代から近現代に至るまでをほぼ貫徹している歴史的事実といえよう。例外は、古代、菅原道真《すがわらみちざね》の建言により遣唐使船《けんとうしせん》が中止になった一時期と、近世、日本が鎖国をしていた一時期くらいなのだ。

この歴史的に継続した事実が、「頑張る」日本人の性向を醸成し、固化していったというのが私の見解である。したがって、「頑張る」性向は、ひとり団塊世代の人々に特有な個性などという一過性的、皮相的なものではなく、世代から世代へと受け継がれてきた日本人のコア・パーソナリティとして捉えられるべきものといえよう。

むしろ、団塊の世代に至って、「頑張りすぎる」ことの弊害が指摘され、「頑張らない」ことに意義を見出そうとするような主張が出てくるようになってきたのだ。

団塊世代が提起した「頑張らない」

「……『頑張り』過ぎると視野が狭くなり、他者の存在ばかりか自己をも見失うことになる。……混迷の時代、国家も個人もこれまでのように遮二無二頑張ってさえいれば良い時代ではなくなった。自らのために『我ヲ張ル』時代は終わり、他者のために何ができるかを考える（べき）時期を我々は迎えている。……国家も個人も他者に何ができるか考えたい―」（拙稿「『頑張る日本人』見つめ直す時―」『朝日新聞』一九九五年六月二日付夕刊）。

こうした団塊世代の論調は、世間の反響を呼び、この論などは翌年の複数の大学入試の国語問題などにまで登場している。バブル経済期終焉のころには、団塊世代主導のもと、こうした「頑張らない」論が展開されている。

このような考えの延長線上に、鎌田實諏訪中央病院長の著作『がんばらない』（二〇〇〇年、集英社）を捉えることもできよう。鎌田医師もまた、世間的な栄達、経済的な豊かさをあえて拒絶する道を選んだ団塊世代の一人だった。

「食い逃げ世代」などではありえない

たしかに、日本中がバブルに踊り狂った一時期、大卒の団塊世代は、各方面でそろそろ中核的な役割を果たすべき立場に位置し始めていた。その意味で、日本の経済運営を誤ったことに関して団塊世代のごく一部は、責任の一端を負うことを回避すべきではないだろう。

しかし、団塊世代が一括りにされて、その責を負わされたのではたまらない。寺島実郎が自らを卑しめて言うような、後に続く世代から「我々は『食い逃げ世代』とか言われ始めている」（寺島前掲書）などというような謂《い》われのない非難には、敢然と立ち向かうか、無視するかのどちらかしかあるまい。

寺島ら、経済界における数少ない可視的な団塊世代、地位や金に恵まれたさほど多くはない団塊世代、権力に近いところにあったごくわずかな団塊世代等はいざ知らず、多くの声なき団塊世代は、さほど他世代と変わることなく、先に触れたYさんに一つの典型を見るように、「真面目」に、それなりの「責任感」をもって、地道に、バブルの恩恵などに浴することもなく平凡な後半生を送ったのだ。「食い逃げ」などというさもしい行為は、したくてもできなかったのが大多数の団塊世代だったのである。

バブルを主導したり、その恩恵に預かった、ごく一部の団塊世代の人々のために、団塊世代全体が「食い逃げ世代」などと称されるような誤謬は、到底、首肯できるものではない。

もし、団塊世代＝「食い逃げ世代」と考えている団塊以降の世代の人々がいるとしたら、この誤った見方は是非とも訂正していただきたい。そのような見方は、自らが、そうしたやましさを持つ、ごく一部の可視性の高い団塊世代が発する自虐的かつ偽善的な見解に乗せられた見方にすぎないからである。高度経済成長期やバブル経済期にたらふく食べ、いい思いをして、その後、「食い逃げ」が可能だったのは、団塊世代とは限らず、ほんの一握りの特権的な階層に属する各世代の人びとだったのだ。

団塊世代を取り巻く現代の状況

ビジネス・チャンス

団塊世代が高齢化し、定年に至るという時期にあって、団塊世代は露骨なまでにビジネスの標的となっている。何しろ、一九四七年生まれが二六七万九〇〇〇人、四八年生まれが二六八万二〇〇〇人、四九年生まれが二六九万七〇〇〇人で、総計八〇五万八〇〇〇人（二〇〇七年現在数は約六九〇万人）の多数に上るのであるから、この世代の消費動向、需要にビジネスの観点から関心が集まっても無理はない。

まして、その多数が順次、定年を迎え、従前より自由な消費行動や投資行動に向かうとすれば、経済界がバラエティに富んだ商品を取り揃えて、手ぐすねを引いて待つのは至極当然のことである。資本主義の論理にも合致する。

定年後、団塊世代は、田舎暮らしをしたいという志向を持っているらしい、田舎に居を構えて自給自足程度の農業に従事したいらしい……となると、過疎に悩む地域の地方公共団体が彼らの移住誘致に乗り出す。

定年後、団塊世代は、都心の便利な場所に回帰する志向を持っているらしい……となると、建築業者、開発業者は、団塊世代の住居に関する好みの市場調査を始める。

定年で、団塊世代が手にする五〇兆円前後の退職金を虎視眈々と凝視する金融機関、銀行、証券会社、生命保険会社等は、団塊世代にターゲットを絞った資産運用のための新商品を続々と発表する。

定年後は、夫婦でのんびり旅行したいと考えている団塊男性や、年をとったら夫ではなく親しい気の合う同性の友と旅をしたいと考えている団塊女性向けに、その望む旅のかたちの研究に余念のない旅行業界。さらには、海外各地でのロングステイや海外移住までも商品化しようという動きもある。

団塊女性は、その上の世代の女性たちよりお洒落と喧伝して、時間と金のある彼女たちに擦り寄るファッション業界や、化粧品業界。

団塊世代は他世代との付き合いが下手で、自分たちだけで群れたがるといった俗説のせいだろうか、団塊世代を狙った同窓会関連ビジネスなどまで盛んになっている。

団塊世代が、高齢化する近未来に、大いなる需要の増大が見込めるであろうことを心密かに期待している「おむつ」業界、介護業界。

団塊世代をねらった書物が続々、刊行され、団塊世代向けのフリーペーパー（無料誌）が地下鉄駅構内に置かれ、団塊世代をターゲットにしたポータルサイト（インターネットの巨大な入口〈ホームページ〉）も結構な賑わいをみせる。

二〇〇七年問題、二〇〇七年問題と世間がかまびすしいなか、ついに同年正月には、団塊世代の購買力を見込んで、「団塊世代に贈るハッピーセカンドライフ福袋」なる高額な福袋を売り出すデパートまで出現した。正月商戦でも、団塊世代が明確に意識され始めたのだ。同年六月、中元商戦でも、団塊世代向けにやたらに高額な中元商品が用意された。

映画界も団塊世代を意識する。二〇〇七年初頭封切りの「夏物語」（チョ・グンシク監督作品、イ・ビョンホン、スエ主演）の舞台は、一九六九年、朴正熙《パクチョンヒ》軍事独裁政権下の韓国。ベトナム反戦と民主化を求める学生運動のなかでの愛と別れを描いた佳作だ。

この映画の広告の謳い文句は、「一九六九年、団塊の世代が過した愛と青春の日々」「一九六九年、夏。若者たちが皆『自由』を渇望した〝政治の季節〟」「何かが変わると信じて流した、熱い涙。あなたはおぼえていますか」……。たしかに、団塊世代の心の琴線に触れるキャッチ・コピーだった。

このようにさまざまな業界が団塊世代を取り込もうと触手を伸ばしている。具体的な商品の列挙となったら枚挙に暇がないほどである（これらの事実に関しては、朝日、読売、毎日、日経、中日、岐阜、東京、産経等の各紙記事および前述の聞き書き調査、さらには筆者自身の見聞による）。

ただし、どのような団塊向けビジネスであっても、ターゲットを的確に団塊世代の一部に絞ったものであれば成功の可能性もあろうが、漠然と団塊世代を塊として、一括りにできる存在と捉え、団塊全体を取り込もうとするようなビジネスは失敗すること必定である。団塊世代は一塊りとして認識されることには強い拒絶反応を示し、その志向は、他世代以上に個々バラバラで、一括りにして捉えることはけっしてできないからだ。

二〇〇七年問題

二〇〇七年問題とは、団塊世代最初の一九四七年生まれが二〇〇七年に六〇歳に達し、以降、年々、団塊世代が定年を迎えて、社会の中核から離れていくことに伴って発生する諸問題である。なかでも、ことに大きな問題として認識されているのは、年金問題と熟練技術の継承の問題だ。

わけても、大きな世代間格差が生じ、不公平感から世代間戦争が起きかねないとして、危惧されているのが年金問題である。ここで、問題なのは、団塊世代が時に「年金泥棒」のように他の世代（とりわけより若い世代）から思われることであろう。これも「数の多さ」ゆえの問題だが、それを団塊世代の責任に帰するわけにはいくまい。先の大学生Cさんの言ではないが、これは団塊世代の責任ではなく、政治の貧困ゆえに生じた問題なのだ。

もっというなら、「数の多さ」が問題だとするなら、責められるべきは、団塊世代を出現せしめた戦後を招来した戦前戦中の軍国主義日本の政治家たちおよび軍部なのである。戦争に起因するいびつな人口構成こそが問題なのだから。

それと関連して、そろそろ団塊世代を支える立場に立つべきはずの団塊ジュニアの動向にも目が注がれる。その団塊ジュニアに、フリーター、ニート、パラサイト・シングルが多いことに関しても、それは団塊世代の家庭教育に問題があったからだといった団塊バッシングが湧き起こる。

団塊世代の教育観と団塊ジュニアの志向との相関関係はきちんと調査研究されるべきだろう。しかし、社会の大きな状況を踏まえずして、フリーターやニートの出現を、情緒的に団塊世代の責任に置換するのでは事態の解決には繋がるまい。

むしろ、「団塊の世代は、九〇年代に自らの既得権を守るために後続の若い世代の雇用市場への参入を阻害し、八五万人にもおよぶニートや二〇〇万人を超すフリーターを生んできた」（嶋津隆文「大都市団塊八五万人の〝漂流〟が始まる」、前掲『中央公論』同年同月号）というような構造的な問題として認識する方が、問題の解決に向けては有効であろう。

私は、その事実に関わる責任の一端は団塊世代にあるにせよ、より大きな責任は、これまた政治の貧困に帰すると考えている。

こうした事実は、世代間戦争の導火線になりかねない。引火し、爆発しないうちに、早急に政治がリーダーシップを発揮し、財界や学界とも協力しながら、何人《なんぴと》たりともまじめに働けば何とか生活しうるだけの賃金を得ることができる雇用、労働環境を創出すること、フリーター、ニート、パラサイト・シングルの真の原因や志向を突き止めること、世代間の不公平感を減殺させ、実際に不公平をなくすこと、特に、どの世代も老後の生活に必要かつ十分な年金を受給できる体制を構築すること、異世代間における共感的相互理解促進の方途を探ること等々の政策実現を心がけなければなるまい。

こうしてみると、日本における二〇〇七年問題は、団塊世代の大量退職を触媒として生起した問題であることは間違いないが、究極的には、ドイツなどで先行して見られるような、より大きな「ゲネラツィオン・グリッフェ（世代間のギャップ）」の問題として、まかり間違えば世代間戦争に発展しかねない問題として捉えられよう。

団塊世代のこれからへ――エピローグ

花盛りの団塊記事

団塊世代の大量退職は、日本における前代未聞の出来事である。歴史的な大事件といえよう。とはいえ、二〇〇六年四月から高齢者の雇用確保が法的に図られることとなり、それに伴って、実際には六〇歳以降も働き続ける団塊世代は八〇％を超えるとされる。

であるから、所謂《いわゆる》、二〇〇七年問題は、大山鳴動鼠一匹ともなりかねない。けれども、団塊世代の動向からは、ともかく目が離せないといわんばかりに、新聞各紙や各総合雑誌等々の紙面には、「団塊世代」の文字が毎日、毎月のように登場する。

『朝日新聞』は「団塊はいま」「『団塊』の今」「団塊のあした」「『団塊』七百万人流」、

『読売新聞』は「団塊インパクト」「新団塊ライフ―識者に聞く―」「豊かさ再発見―第一部・新団塊ライフ―」、『毎日新聞』は「団塊は眠らない」、『岐阜新聞』は「団塊再始動」、『福島民友』は「ふくしま団塊の道標」などと題する連載（いずれも二〇〇六、〇七年）等を通して、団塊世代の動向を注視し続ける。それだけ、世間の注目度も高いということであろう。

各紙の特集連載記事の多くは、さまざまな団塊世代の姿を客観的に描くといったスタイルを貫いている。「記事」と「論説」の違いといってしまえばそれまでだが、そこには、往々にして世の「団塊世代」論者にみられるような押しつけがましさは見られない。むしろ、穏やかに、個々の団塊世代の人々に、「こんな生き方をしている人もいますよ」と囁《ささや》きかけてくれているような心地よさがある。

対して、これまでに取り上げてきたように、可視性の高い「団塊世代」論者の論調には、この名称の名付け親の見解を始めとして、風聞や思いこみ、自らの狭い体験等々を基にした、客観性を欠落させた見解を臆面もなく提示しているような代物も少なくない。

図22　団塊世代に関する記事
団塊，団塊と新聞紙面もかまびすしい．

いうまでもなく、私の団塊世代論もまた自らおよびその周辺の団塊世代の経験を中心に据えて描いたものという誹《そし》りを免れるものではない。しかし、少なくとも、本書では、団塊世代のイメージや実像を客観的に描写するとともに、一九六〇年代末から七〇年代初頭を駆け抜けた、理想を追い求め、主体的に行動したと思い込んでいた学生時代を体験した少なからぬ団塊世代の人々に共通する時代認識の一端を描くことはできたのではないかと考えている。

主体的に行動したと思い込んでいた

以下、団塊世代に関する、やや気になる二つの指摘を取り上げ、論じて締めとしよう。

東京都理事の嶋津隆文は、「団塊世代は、次世代にうざったく思われているだけでなく、すでに大量人数をバックにした『強者』から、後ろめたさを持つ『弱者』に移行しつつある」（前掲嶋津論文『中央公論』）と述べる。これは、彼の個人的な感懐ではあるが、これから年老いていく団塊世代の人々にとって、もって銘すべき言葉ともいえよう。

しかし、寺島や嶋津のような可視性の高い、――ここの文脈で言うなら、団塊世代（論）に関してオピニオン・リーダー的な立場の――、自らも団塊世代の一員である識者たちが、自らの世代を「経済主義者」「私生活主義者」「食い逃げ世代」「後ろめたさを持つ『弱者』」等々と認識している（あるいは、他世代から、そのように思われていると認識している）こと自体も、逆説的だが、私のいう団塊世代の「三つわ」ないし「3W」（割の合わなさ、侘びしさ、〈他世代に〉分かってもらえないこと）を形成する一因となっているかもしれない。

団塊世代にとって、自己批判、自己否定は、お手のものであるだけに、こうした論も受容し易いのかもしれず、そうした外在的認識によって、内在的な「三つわ」意識が増強されたとも考えられよう。

自分色に輝きたいね

先にも触れたように、多くの団塊世代は、「食い逃げ」できるほどに恵まれた現役生活を享受できたわけでも、経済に異様なまでの価値を置くほどの銭ゲバでもなかった。

したがって、「後ろめたさ」を感じなければならない必然性はないけれども、しかし、今後は社会的「弱者」になるという自覚は必要になってこよう。

これに関連して、団塊世代のアイドルだったレモンちゃんこと落合恵子の話を聞いてみよう。彼女は、「団塊世代に期待すること」を問われて、「親の介護をしながら、自分の老いの予行演習をする。そこで見つけた宿題を、何らかの形で社会に還元してくれることを期待している。彼らは異議がある時は、『異議あり』と手を挙げる人たちだ。今まで専門家だけの領域だった医療、介護、福祉の問題に風穴をあけてほしい」と語る（「新団塊ライフ―識者に聞く(2)―」『読売新聞』二〇〇六年一月五日付朝刊）。

生活者としての矜持を持つ落合らしい、無理のない、しかも前向きな発言といえよう。彼女の期待に応えたわけではないが、偶々、私自身も、親の介護を体験するなかで、近未来の自らに関して学習しながら、医療や福祉に関して見出した宿題を、『ある科学者の「生老病死」と介護』（二〇〇三年、第三書館）という書物にまとめて上梓した。

彼女は、さらに団塊世代への応援のメッセージをと乞われて、「自分色に輝こうね……」（同右）という。お節介がましい団塊世代の定年後に対する言辞が多いなかで、レモンのように爽やかで好意的なメッセージではないか。

長い労働一辺倒の生活から解放される団塊世代には、他世代の引退時にはみられなかったようなさまざまな声が届く。やれボランティアに励めだの、やれ蓄積した知識や技術や経験を他世代のために生かせだの、やれ官と民との間のパブリックとしての役割を担えだの、やれ活発に消費行動をせよだの、やれ新しい老年文化を創れだの、何のかのと辟易《へきえき》とさせられるような提言があれこれ寄せられるのだ。

たとえ好意的な発言であるにせよ、定年後の生き方まで、他人からとやかくいわれたくはないというのが、聞き書き調査に応じてくれた団塊世代の人々に、ほぼ共通する見解だった。

ここでも、「団塊世代」を一括りにして捉える傾向が顕著に見受けられる。「団塊世代」と一括りにして呼び掛けられても、団塊世代にも他世代同様、いろいろな人間がいるのだ。

またしても、プロローグに戻るが、多数が一時期に生まれ出たというだけですべてを一塊のように捉えて、一括りにして「『団塊の世代』って、言うな！」という所以《ゆえん》である。一括りにされて、「ああせい、こうせい」といわれても「小さな親切、大きなお世話」、戸惑うばかりなのである。

老兵は死なず、ただ……

とりあえずは、ダグラス・マッカーサーではないが、定年を機に「老兵は死なず、ただ消え去るのみ」というように、他世代の人々から見られるなら団塊世代も気が楽だろう。その後に、これまでの経験を生かして即座に再就職するもよし、ゆっくり充電し直したうえで、次の行動に打って出るもよし、長年月のうちに培った技術や人生経験を何らかのかたちで社会に還元しようと試みるもよし、文筆をもって身を立てようとして筆を執るもよし、何かを新たに学ぼうと大学や大学院の門を叩くもよし、「団塊党」が企画されている折りでもあるから政界に転身し、濁りきった政治の世界を浄化しようと企むもよし、起業を企てるもよし、NPOを設立するもよし、ボランティア活動に専念するもよし、ふらりと旅に出るもよし、陶芸に浸るもよし、盆栽いじりに生きるもよし、絵筆を握り直すもよし、ピアノ、バイオリン、ギター等を習い直すもよし、バンドを再結成するもよし、新たにテナー・サックスを始めるもよし、孫の専任家庭教師になるもよし、近所の子どもたちも恐れ敬愛するガミガミ爺さんになるもよし、ご近所を仕切るお節介婆さんになるもよし、すっかり隠棲して好々爺《こうこうや》、好々婆になるもよし、長屋はないかもしれないが、コミュニティーのご意見番になるもよし、……。

こうして、定年後の団塊世代が、それこそ個々に自分色に輝けば、それは社会全体が明るくなることにも繋がるのだ。

団塊世代の個々人は、それぞれなりに善良な良識を持った市民として、なるべく社会のお荷物にならないよう、ある程度のＱＯＬ（クォリティー・オブ・ライフ。生活の質）を保ちつつ、できれば自分なりに社会に貢献できるよう、そして何よりも、心地よい自らの居場所を確保しながら、けなげに日々、楽しく生きていけば、それで十分なのではないだろうか。

社会的ネットワークを

それに関連して、最後に一言。団塊世代と限らず、どの世代でも、高齢になっても健康で自立して生きることは喜ばしいことだ。数の多い団塊世代が、そうであれば、それは医療費削減、介護費削減に直結し、社会貢献に繋がる。

団塊世代が高齢化するに従って、医療費、介護費がどっと嵩むようになるといった予測が、同世代に対するより若い世代の嫌悪感の一因を構成する。とするなら、それを取り除くためにも、自らのためにも団塊世代は、ＰＰＫ（ぴんぴんころり）を心がけようではないか。そのための要諦をいくつか。

（1）自らが必要とされていると実感できる心地よい居場所を確保しておくこと。
（2）ある程度の経済力を確保しておくこと。
（3）自分なりの夢、希望、理想を持ち続けること。
（4）生き甲斐、趣味を持っていること。
（5）社会的関心を保持し続けること。
（6）社会的ネットワークを保持し続けること（これらに関して詳しくは、天沼香『方言生活徹底講座』〈二〇〇六年、黎明書房〉、天沼・大森・岩田「高齢者の社会関係・健康観・幸せ感に関する日系カナダ人と日本人との比較研究」〈『岐阜大学医学部紀要』四八―二、二〇〇〇年〉等を参照されたい)。

加齢とともに、誰しも人間関係が希薄になっていくことは否めない。が、なるべく多様で良好な人間関係のネットワークを持ち続けることは、老化防止に役立つ。中国でよく見かけるような「茶房《ツァーファー》」と、イタリアにある高齢者自らが企画運営に関わる「社会センター」とをミックスさせたような——東西の智恵を結集した——快適な居場所を日本の各地にもキメ細かに創製していこう。そこを定年後の団塊世代のみならず、地域の高齢者その他の気易いたまり場にしよう。異業種、異世代の見知らぬ同士も、そこでは気軽に声を掛け合い、語り合い、大いに笑い合い、新たな人間関係を構築しよう。

団塊世代が率先主導して、こうした無理のない活動を展開し、ＰＰＫに向けて日々、実践していけば、いつの日か、他世代の団塊世代への冷たい視線にも変化の兆しがみられるようになるのではないだろうか。

あとがき

青春の日の読書は、一個の人間の生涯に大きな衝撃を与え続ける。

マックス・ウェーバーの『プロテスタンティズムの倫理と資本主義の精神』、クロード・G・レヴィ＝ストロースの『悲しき熱帯』、C・ライト・ミルズの『パワー・エリート』、梅棹忠夫の『文明の生態史観』、丸山真男の『日本の思想』等々は間違いなく、若いころの私に多大な影響を与え、私を学問の道へと誘ってくれた書物である。今も、それらの書の一行一行は私の脳裏に焼き付いている。

そんななかの一冊に、F・L・アレンの処女作『オンリー・イエスタデー』がある。「一九二〇年代のインフォーマルな歴史」という副題を持つ同書は、一九三一年にアレンが「ほんの昨日の出来事」としてのアメリカ合衆国の一九二〇年代を歴史的に描いた作品である。

アレンは、同時代史は史実を確定することが難しい領域だが、にもかかわらず、それを叙述することには未開拓の事象に整序的に接近する愉悦があるといったニュアンスの発言をしている。

内容もさることながら、この発言とタイトルの格好良さに引きつけられた学生時代の私は、いつの日か自分も「ほんの昨日の出来事」の同時代史を描いてみたいという気持ちを強く抱いたのだった。

その意味で、『オンリー・イエスタデー』は、本書の生みの親の一書といえよう。

本文中でも触れたように、同時代史の叙述にはさまざまな限界がつきまとう。歴史的事実も確定しにくい。しかし、それでもなお、同時代に歴史的視座から切り込む意味合いは、明確にある。それは、今日の時の流れがあまりにも速いことと、同時代史叙述には他の歴史時代叙述では用いえない方法論があることによって担保される。

前者は説明するまでもない事実である。それゆえに、五〇年を経なければ歴史研究の対象とはなりえないなどと、悠長なことは言っていられないのだ。後者は、私が自らの非才を顧みず、歴史学、文化人類学、社会医学という三つの学問の学際領域の研究を志し、三学問の方法論を交叉《こうさ》させて対象に迫り、その立体像を描くことを試みていることと関連している。

今回の同時代史叙述に際しては、伝統的な歴史学の方法論である史料批判は言うに及ばず、文化人類学の方法論であるパーティシパント・オブザベーション、ラポールを確立してのインフォマントへの聞き書き、社会医学的方法論の基本としてのある程度以上の数的処理（今回はあえて統計的処理はしなかったけれども）等々を併用して、「団塊の世代」に接近した。直接的な当事者に対する聞き書き調査など、まさに他の歴史時代叙述では用いえない方法なのである。

さて、これまた本文中でも強調したことだけれども、私は、所謂「団塊の世代」に属する人間だが、この言葉が大嫌いだ。この言葉自体が、同世代に対する他世代の誤解と偏見を助長しているからだ。

私は、したがって、その命名者、堺屋太一や代表的「団塊世代」論者、寺島実郎らがどうしても好きにはなれない。彼らの影響力が甚大だったために、この言葉が日本社会にすっかり定着してしまったからだ。さらには、彼らの提起する団塊世代論が、「団塊の世代」に対する他世代の誤解と偏見を増大させているからだ。

本書は、そうした誤解や偏見を払拭するために、ファースト・ハンドの資史料に基づいて、同世代の軌跡や見解を描いた書である(にもかかわらず、この世代を論じるのに「団塊世代」という言葉を使用せざるをえないのは慚愧《ざんき》に耐えないところではあるが)。

堺屋太一や寺島実郎らの論への反感も本書執筆の小さくない動機であるとするなら、彼らもまた、本書の生みの親の類といえよう。

もとより、私の描く「団塊世代の同時代史」も、すべての同世代の軌跡や見解を万遍なく描ききったものではない。けれども本書の前半では、同世代を含む各世代の団塊世代観に過不足なく触れたつもりである。本書の後半は、何ほどか「自分」史的叙述であり、もう少し広く捉えると、私と同様、「決して先鋭的ではなかったけれども、世界を、日本を、社会を、大学を少しでも良くしようと、独り善がり的、自己満足的に、しかし真剣に真面目に考え、主体的に行動していたと思っていた大学闘争の時期を共にした彼らや自分たち」史的叙述である。

その意味において、少なくとも、同世代の理念型の一端を明らかにした叙述ではある。団塊世代は、ただでさえ毀誉褒貶《きよほうへん》の激しい世代であり、存命中の存在である。したがって、歴史的存在として同世代を描くことは、まだ甚だ難しい。この難題を私に課し、脱稿まで温かく見守ってくださったのは、自らは団塊世代の次世代に位置する吉川弘文館の一寸木紀夫氏である。この本書の実の生みの親の一寸木氏に対し、深甚の謝意を表したい。

末筆になってしまったが、本書のカバーもまた、かつて上梓した拙著のうちの数冊のカバー絵と同じく、我が畏友にして世界的な絵本作家である高畠純画伯に描いていただいた。同世代である彼とは、団塊世代を巡って侃々《かんかん》諤々《がくがく》喧々《けんけん》囂々《ごうごう》の議論もした。ドラムスの名手でもある彼とは、定年退職の暁にはフォーク兼エレキバンドを再結成しようと語らっている。高畠氏を始め、聞き書きに快く応じてくださった多数の団塊世代および他世代の方々にも衷心より深謝する次第である。

本書が、各世代の団塊世代観を分析的に捉えながら、団塊世代の思考と行動の一端を歴史的に描いた著作として、団塊世代に対する誤解を解きつつ現代から未来へと読み継がれるなら、それは著者にとって望外の喜びである。

二〇〇七年七月七日

著　者　識

著者紹介

一九五〇年、京都市に生まれる
一九八一年、筑波大学大学院博士課程修了
現在、東海学院大学大学院教授、医学博士

主要著書
ある「大正」の精神　「頑張り」の構造　日本人と国際化　日本史小百科〈近代〉家族　父と子のフィールド・ノート　日本人はなぜ頑張るのか

歴史文化ライブラリー
238

団塊世代の同時代史

二〇〇七年（平成十九）九月一日　第一刷発行

著　者　天《あま》沼《ぬま》香《かおる》
発行者　前田求恭
発行所　株式会社 吉川弘文館
東京都文京区本郷七丁目二番八号
郵便番号一一三―〇〇三三
電話〇三―三八一三―九一五一〈代表〉
振替口座〇〇一〇〇―五―二四四
http://www.yoshikawa-k.co.jp/
印刷＝株式会社 平文社
製本＝ナショナル製本協同組合
装幀＝マルプデザイン

歴史文化ライブラリー

1996.10

刊行のことば

現今の日本および国際社会は、さまざまな面で大変動の時代を迎えておりますが、近づきつつある二十一世紀は人類史の到達点として、物質的な繁栄のみならず文化や自然・社会環境を謳歌できる平和な社会でなければなりません。しかしながら高度成長・技術革新にともなう急激な変貌は「自己本位な刹那主義」の風潮を生みだし、先人が築いてきた歴史や文化に学ぶ余裕もなく、いまだ明るい人類の将来が展望できていないようにも見えます。このような状況を踏まえ、よりよい二十一世紀社会を築くために、人類誕生から現在に至る「人類の遺産・教訓」としてのあらゆる分野の歴史と文化を「歴史文化ライブラリー」として刊行することといたしました。

小社は、安政四年（一八五七）の創業以来、一貫して歴史学を中心とした専門出版社として書籍を刊行しつづけてまいりました。その経験を生かし、学問成果にもとづいた本叢書を刊行し社会的要請に応えて行きたいと考えております。

現代は、マスメディアが発達した高度情報化社会といわれますが、私どもはあくまでも活字を主体とした出版こそ、ものの本質を考える基礎と信じ、本叢書をとおして社会に訴えてまいりたいと思います。これから生まれでる一冊一冊が、それぞれの読者を知的冒険の旅へと誘い、希望に満ちた人類の未来を構築する糧となれば幸いです。

吉川弘文館

〈オンデマンド版〉
団塊世代の同時代史

歴史文化ライブラリー
238

2019年（令和元）9月1日　発行

著　者　天《あま》沼《ぬま》　香《かおる》
発行者　吉川道郎
発行所　株式会社　吉川弘文館
〒113-0033　東京都文京区本郷7丁目2番8号
TEL　03-3813-9151〈代表〉
URL　http://www.yoshikawa-k.co.jp/

印刷・製本　大日本印刷株式会社
装　幀　清水良洋・宮崎萌美

天沼　香（1950〜）

ISBN978-4-642-75638-9